走好养生旅游路

庞保珍　庞清洋　编著

中医古籍出版社
Publishing House of Ancient Chinese Medical Books

图书在版编目（CIP）数据

走好养生旅游路 / 庞保珍, 庞清洋编著. -- 北京：中医古籍出版社, 2020.12
ISBN 978-7-5152-2180-9

Ⅰ.①走… Ⅱ.①庞… ②庞… Ⅲ.①生态旅游—研究 Ⅳ.①F590.75

中国版本图书馆CIP数据核字（2020）第213897号

走好养生旅游路

庞保珍　庞清洋　编著

策划编辑　姚　强
责任编辑　李　炎
封面设计　韩博玥
出版发行　中医古籍出版社
社　　址　北京市东城区东直门内南小街16号（100700）
电　　话　010-64089446（总编室）010-64002949（发行部）
网　　址　www.zhongyiguji.com.cn
印　　刷　北京市泰锐印刷有限责任公司
开　　本　880mm×1230mm　1/32
印　　张　4.5　彩插8面
字　　数　99千字
版　　次　2020年12月第1版　2020年12月第1次印刷
书　　号　ISBN 978-7-5152-2180-9
定　　价　39.00元

2016年5月13日，庞保珍（右）拜见国医大师邓铁涛（左）

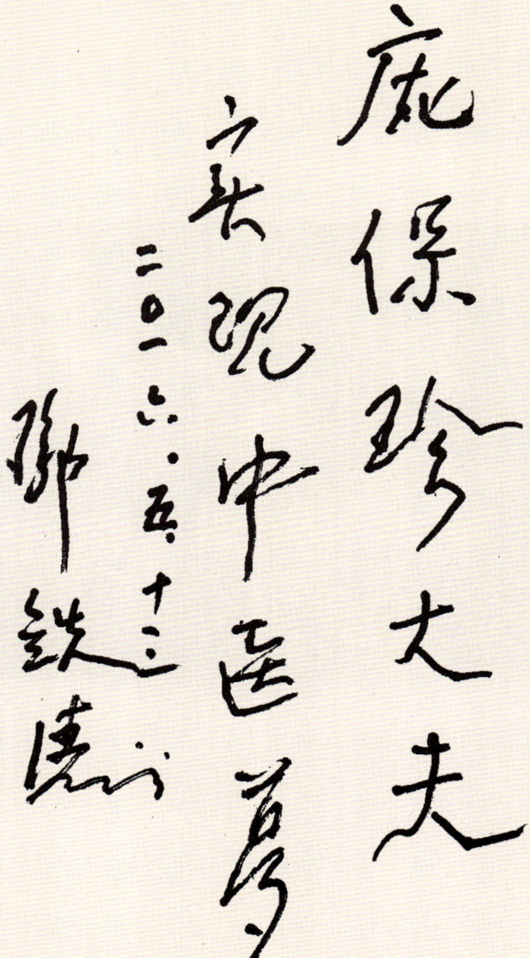

国医大师邓铁涛为庞保珍题词

1988年，庞保珍（右）跟师柴嵩岩（左）学习

2019年10月24日，庞保珍（右）拜见恩师柴嵩岩（左）

庞保珍主任医师

大医精诚

柴嵩岩

2019.10.24

国医大师柴嵩岩为庞保珍题词

作者简介

庞保珍，历任世界中医药学会联合会男科专业委员会副会长、养生专业委员会副会长、一技之长专业委员会副会长、妇科专业委员会、生殖医学专业委员会常务理事；国际中医男科学会副主席；中华中医药学会生殖医学分会、男科分会、养生康复分会常务委员，妇科分会委员；中国性学会中医性学专业委员会常务委员；中国中医药研究促进会妇产科与辅助生育分会常务委员；山东中医药学会不孕不育专业委员会副主任委员；山东中西医结合学会男科专业委员会副主任委员、山东省激光医学会生殖医学专业委员会副主任委员等。

勤于笔耕，著作等身。与世界中医药学会联合会男科专业委员会创会会长曹开镛教授主持制订国内第一部中医男科标准，独立完成与主编《不孕不育中医治疗学》等专著30余部，主编的《中医生殖医学》荣获国家科学技术学术著作出版基金资助出版，2019年主编国内第一部《实用中西医生殖医学》。发表论文180多篇，其中，在SCI杂志发表生殖领域论文2篇(位次第一与通讯作者)。获国家级、地市级优秀学术、科技成果奖10余项；获不孕症领域2项国家发明专利（位次第一）；获“发展中医男科杰出贡献奖”；获2018年“山东省老科学技术工作者协会突出贡献奖”；获2019年聊城市“水城最美科技工作者”；获2019年“中国老科学技术工作者协会奖”。

健康热线：13606357986

庞保珍优生优育健康长寿智慧讲坛

序

旅游，已成为现代人生活的组成部分，对于人们在紧张工作之余的身心调节发挥着重要作用。养生旅游是旅游的一种，是以养生为目的而选择景点、旅游项目、旅游规划、节奏快慢等旅游细节的一种适合养生的旅游形式。在我国历史上，许多名家包括养生家均爱好旅游，并从中获得身心愉悦及创作灵感，如唐代李白“一生好入名山游”，明代医著《寿世保元》称“诗书悦心，山林逸兴，可以延年”，更有清代高寿皇帝乾隆一生六次下江南，将南巡列为人生大事。今天看来，中国养生旅游经过历代演变与发展，已经形成了独特的、系统的理论和方法，这是中华民族对全球健康事业乃至疾病防治做出的巨大贡献，至今仍具有独特的魅力与极高的利用价值。但目前尚缺乏系统的，通俗易懂的，且融科学性、知识性、实用性于一体的养生旅游书籍。

我认识山东名中医药专家庞保珍主任医师多年，他四十余年如一日，醉心中医，投身临床，学验俱丰，成绩不斐，至今仍学习不止、笔耕不辍，因而著作等身，妇科与男科双馨，生殖养生造诣颇深。《走好养生旅游路》是庞保珍医师的最新力作，全书全面、系统介绍了养生旅游的基本知识、自然养生旅游资源、人文养生旅游资源、养生旅游产品、怎样选择养生旅游项目、中国养生旅游范例、养生旅游常识。

本书是一部通俗易懂，融科学性、知识性、实用性于一体，适合关注养生旅游者、关注养生保健者阅读参考的读本，余欣然为之序。

成都中医药大学

马烈光

岁在庚子仲秋

前言

“养生”一词源于道家书籍，最早出现在《庄子·内篇》中。养生，又称摄生、道生、卫生、保生等。养生之养，含有保养、修养、培养、调养、补养、护养之意；生，是指人的生命。概言之，养生就是保养人的生命。具体而言，养生是人类为了自身的生存与发展，有意识地根据生、长、壮、老、已的不可逆的量变、质变规律，所进行的一切物质和精神的身心养护活动。世界各地各民族均有各自养生的方法，但历史最悠久、内容最丰富、最具特色的养生体系当属中国古代传统养生思想。

养生旅游是旅游的一种，是以养生为目的来选择景点、旅游项目与进度的一种旅游形式。养生旅游以养生为主，以观光为次，在旅游中养生，并学习有关养生的文化，时间长，节奏慢。而一般的旅游以观光为主，时间短，节奏快。古人非常推崇远足郊游活动，尤其是文人墨客，常悠游于山水之间，激发创作灵感，许多佳作诗词由此而成。尤其是道家、佛家的庵、观、寺、庙，大多建在山水环抱的风景优美之处，得山水之灵气。养生旅游经过历朝历代的演变与发展，已经形成了独特的、系统的理论和方法，这是中华民族对世界养生乃至疾病防治做出的重大贡献，具有独特的魅力与极高的价值。

本书全面、系统地介绍了养生旅游的基本知识、自然养生旅游资源、人文养生旅游资源、养生旅游产品、怎样选择养生旅游项目、养生旅游范例和养生旅游常识。本书通俗易懂，融科学性、知识性、实用性于一体，适合关注养生旅游和养生保健的人士阅读参考，亦适合作为广大旅游工作者的参考读本。

在本书撰写之际，笔者有幸得到国医大师邓铁涛、柴嵩岩的亲笔题词与指导，中医养生学科创始人、世界中医药学会联合会养生专业委员会会长马烈光教授亲自为本书作序。

在编写本书的过程中，我查阅了大量古今医籍、专著和医学期刊，采纳和引用了不少学者的研究成果，在此一并致以谢意！笔者虽欲求尽善尽美，但书中仍难免存有疏漏之处，祈望同道和读者斧正。

庞保珍

2020年4月26日

目 录

第一章 认知养生旅游

第二章
品读自然养生旅游资源

第三章
观赏人文养生旅游资源

4

第四章

感受养生旅游产品

5

第五章

中国养生旅游范例

6

第六章

养生旅游常识

附　录

1

第一章

认知养生旅游

一、养生旅游是什么

养生旅游是旅游的一种，是以养生为目的来选择景点、旅游项目与进度的一种旅游形式；是体现天人合一观念，融合养生文化、养生产业与生态旅游的一种体验式旅游；是集养生与文化、科学与自然于一体的旅游形式。

二、养生旅游的特征

（一）养生为主，观景为次

以养生为动机，以养生为追求，以养生为目的，选择适合养生的景点、项目等，通过科学的养生之旅，使人体得到休养生息，健康延年。

（二）游中养，游中学

在旅游中通过参与多种形式的养生活动，学习中国传统养生文化，在旅游中得到养生、健体的双重体验和效果，尤其能得到一般养生方法难以达到的精神放松和难以获取的“心”“身”双养。养生旅游是一种放松的生活方式，是一种特殊的学习生活，在旅游中学习儒家养生文化、道教养生术、佛教养生术，学习膳食调养，学习琴棋书画，学习吐纳、太极、诗词、歌舞、戏曲弹唱，调节旅游者心境，缓解旅游者的躁、忧、悲、惊、怒等情绪，使旅游者达到身心健康的养生旅游目的。

（三）时间长

旅游者需要在养生旅游目的地逗留较长时间。一般短期为三五日、1周、10天，中期为半个月、20天，长期为1个月、数月、半年或更长时间。

（四）节奏慢

养生旅游强调以养生为中心，节奏比较慢，不同于快节奏的“走马观花”式旅游（单纯旅游）。养生旅游平和而安详，富有诗情画意。

三、养生旅游的道理

古人早已认识到优美的景观环境、地理气候与人的身心健康有着密切的关系。唐代著名医药学家、养生家孙思邈在《千金翼方》中提到：“山林深远，固是佳境……背山临水，气候高爽，土地良沃，泉水清美……”历代养生家多提倡远足郊游，道家、佛家的庵、观、寺、庙，多建立在山水环抱的风景优美之处，足证地理环境与长寿的关系。

中医经典《灵枢·本神》提出“智者之养生也，必顺四时而适寒暑……长生久视”，即顺应四时就可以预防与减少疾病。因此，可按顺四时、适寒暑的原则合理安排养生旅游地点。春季天地气清，万物皆荣，春芽初萌，自然生发之气始生，应适应自然之生机，踏青养生。夏季天气炎热，暑热之气难耐，应去海滨、森林、山区等地避暑养气，如傍晚时分漫步海滨或泛舟江湖，观赏荷花，凉爽惬意。秋高气爽，也是养生旅游的最佳季节，无论是登山临水，还是野营露宿享受森林浴，都是令人惬意的。冬季可选择去气候较暖和的地区。

瀑布、森林空气清新舒畅，空气负离子含量多，对人的身心健康非常有利。这些自然条件可增强机体的抵抗力，促进新陈代谢，使人心情舒畅，既能防治疾病，保持身心健康，又能对某些疾病起到良好的康复治疗作用。

山区、海边空气清新，日光充足，是实施空气浴、日光浴的较好场所。适当进行空气浴能使机体获得大量的新鲜氧气，增强呼吸系统、心血管系统的功能，提高血氧含量，有效增强机体的免疫功能。

适度的跋山涉水也能锻炼称为人体“第二心脏”的脚掌，按摩脚掌、运动脚趾也像运动手指一样，有助于大脑健康，既活动了身体的筋骨关节，也锻炼了旅游者的体魄，使人气血流通，利关节而养筋骨，畅神志而益五脏。

人们在海滨、山地、湖泊、草原、森林等风景地旅游时，自然因素对人体免疫功能的影响，主要是通过日光、空气、山泉、海水、植物、温度等自然因子对机体的作用，改变了机体的营养功能与调节功能，增强了机体的适应能力及免疫能力。

研究发现，旅游中所处园林的亭台楼阁、假山喷泉、花草树木、拱桥平湖等不同部分的美丽影像，综合反映在人的大脑中，就可产生“优美的园林”这样一个具体的形象。从而使人感到心情愉快，使机体分泌有益的激素、酶与乙酰胆碱。这些活性物质能把血液的流量、神经细胞的兴奋性与体内脏器的代谢活动调节到最佳状态，并可增强免疫系统的功能。

美不胜收的景色可使人精神振奋，同时，通过人体的感官，对大脑皮质与心理状态可起到良好的调节作用，从而改善人体各组织器官的功能，并通过传入神经系统，刺激中枢神经与免疫器官产生免疫效应分子，使机体免疫功能得到增强。

自然景观作为刺激神经兴奋系统与内分泌系统的信号，能通过神经系统、内分泌系统、免疫系统这一线路，促进机体的免疫防护功能。机体免疫系统反应是在中枢神经系统调节下，由丘脑、皮质激素和免疫源等多种组织参与的复杂生理过程。精神愉快能使人神经兴奋，提高人体的免疫功能，增强机体的抗病能力。

自然景观幽静的环境对人体免疫功能具有调节作用。空气清新，洁净湿润，环境幽静，远离“三废”污染和噪声，有利于调节机体的大脑皮质和心理状态。在观赏景色的过程中，大脑皮质出现新的兴奋灶，有利于消除紧张情绪，使人的心情愉快，精力充沛，食欲增加，营养改善，从而使机体各系统和免疫功能都得到加强和提高。

自然景观对人体的养生保健作用，是任何一种药物均无法替代的。适合养生的自然景观，是大自然对人类的恩赐。在美丽而适合养生的自然景观中养生修炼的效果，也是在其他环境中养生修炼所望尘莫及的。

四、养生旅游与普通旅游的区别

养生旅游是旅游的一种，是以养生为目的来选择景点、旅游项目与进度，安排行程节奏快慢的一种旅游形式。养生旅游是以养生为主、观光为次，在旅游中学习有关养生的文化，时间长，节奏慢。而一般的旅游是以观光为主，时间短，节奏快。

五、养生旅游的历史演进与研究概述

“养生”一词源于道家书籍，最早出现在《庄子·内篇》中。养生，又称摄生、道生、卫生、保生等。养生之养，含有保养、修养、培养、调养、补养、护养之意；生，就是指人的生命。概言之，养生就是保养人的生命。具体而言，养生是人类为了自身良好的生存与发展，有意识地根据人体生长衰老不可逆的量变、质变规律，所进行的一切物质和精神的身心养护活动。世界各地各民族均有各自养生的方法，但历史最悠久、内容最丰富、最具特色的思想体系当属中国古代传统养生思想。

中国传统文化的基本结构是“一源三流”，源头是易，三流是儒、释、道。易为主干，三教互补。易道是构成中华文明的主线和中华文化的支点，自有《易经》以来，它的精神就深入到中华文化的方方面面，上至朝堂，下至市井，从帝王到普通百姓的生活都与之息息相关。它对儒、释、道，乃至中医理论体系均有至关重要的影响。中国古代有三大以“经”命名的奇书，第一部是《易经》，第二部是《道德经》，第三部是《黄帝内经》。这三部经典，再加上《论语》和《六祖坛经》，并称“国学五经”，分别代表了易、道、医、儒、释。读透这五部经典，就可以掌握博大精深的国学精髓。中国的养生流派主要有四家，那就是儒、释、道、医。道家的养生思想、养生方法在中国的养生学中，是最为突出也是最为精彩的。道家的主旨是尊道崇德、贵生全身。因此，道教在养生、贵生、乐生、长生方面，不仅有独具一格的理论体系，而且有切实可行的操作方法，有秘诀，也有秘法。道教养生博大精深，说不尽，道不完。

养生旅游是一种多效应的养生方法。古人非常推崇远足郊游，尤其是文人墨客，常悠游于山水之间，激发创作灵感，很多佳作诗词由此而成。尤其是道家、佛家的庵、观、寺、庙，大多建立在环山抱水的风景优美之处，得山水之灵气，成修身养性之妙所。

中国养生旅游思想经过历代的演变与发展，已经形成了独特的、系统的理论和方法，这是中华民族对世界养生乃至疾病防治作出的重大贡献，至今仍具有独特的魅力与极高的价值。

六、健康旅游是怎么回事

关于健康旅游，至今学术界尚没有统一的定义，还是仁者见仁，智者见智，比如养生旅游、康体旅游、水疗旅游、治疗旅游、养生医疗旅游、健康照护旅游、保健旅游、医疗旅游、医学体检旅游等概念，既有相似之处，又有不同之点。现参考多位学者对健康旅游的定义初步界定如下。

健康旅游是指以维持与促进健康为目的、以生态环境为背景、以健康休闲活动为主题、倡导健康生活价值观与生活方式的专项旅游产品。旅游者在旅游与休闲活动中，利用传统医学或现代医学、心理疏导等保健、养生手段和各种有益于身心的艺术、运动、学习手段，达到全面提高自我身心健康与工作生活质量的目的。健康旅游是追求原生态、高品质服务与科技相结合的综合效益的一种休闲旅游度假活动。

这一定义具有以下几层含义：

（一）健康旅游是以维持与促进健康为目的的旅行。

（二）健康旅游依托于良好的生态环境，生态环境是促进身心健康的重要因素。

（三）健康旅游是一种倡导健康生活价值观与生活方式的专项旅游产品。

（四）健康旅游是利用传统医学或现代医学、心理疏导等保健、养生手段，以及各种有益于身心的艺术、运动、学习手段，全面提高人们的身心健康与工作生活质量的休闲旅游和养生度假活动。

（五）健康旅游者追求的是原生态、高品质服务与科技相结合的综合健康效益。

七、医疗旅游是怎么回事

医疗旅游是以医疗护理、疾病与健康、康复与休养为主题的旅游服务，是新型、综合性的旅游产品。

传统旅游产品，比如观光、度假旅游产品，其产品内涵比较单一，而医疗旅游则不同，它是集观光、休闲、度假、疗养、保健等为一体的综合型旅游产品。

医疗旅游具有以下内涵：

（一）以短期或长期疾病治疗为目的，比如外科侵入性手术、中医针灸治疗等；

（二）满足或提升自身健康需要的特殊的医疗护理与治疗，比如健康体检、医学整形、减肥、抗衰老等；

（三）以康复（体）、休闲、疗养为目的的保健性旅游，比如温泉疗养、香薰水疗、泥疗、按摩等。

在整个医疗旅游行程中，治病、健身、提升自身生活品质是主要目的，旅游只是作为一个附加元素，被人为、自然地融入到医疗旅游的全过程，可以缓解因疾病或治疗带来的不良情绪，同时可以带给人心理上的快乐与身体上的休养。

医疗旅游具有以下特征：

（一）以治病、健身为目的，兼具休闲性与娱乐性

医疗旅游是指人们常住地的医疗服务不能满足其医疗需求的情况下，在目的地接受特殊医疗护理、治疗与其他形式的医疗服务与旅游服务的过程。在这个过程中，医疗旅游者的首要目的是调整身心，其次是享受旅游的轻松与休闲。虽然治病、健身是其根本目的，但是与专业的医院不同，医疗旅游还要考虑更多人性化的元素，即满足旅游的要求。疾病治疗、休憩疗养、美容整形、健康体检等医疗护理活动与度假、休闲、娱乐等旅游活动融合在一起，让旅游者在娱乐享受中治病，在身心愉悦中康复。医疗旅游者既是接受保健疗养、健康检查、疾病治疗、整形美容等的患者，又是旅游者。寓治病于旅游，寓旅游于治病，是医疗旅游的实质所在。

医疗旅游者入住的医院类似于度假村或饭店，既能享受到便利的医疗照顾，又能享受到适合旅游者病情的风景观光、健康美食、保健按摩、水疗等娱乐消遣。将医疗、健身、娱乐、休闲融合为一体，是医疗旅游最显著的特点。医疗旅游为患者提供了一个舒适的外在环境，能帮助患者营造愉悦的心境，而良好的心境有利于身体的康复，身体的康复又能促进精神面貌的好转，二者相互促进，形成良性循环。

（二）先进的医疗水平与相对低廉的医疗价格

以相对低廉的价格享受一流的服务是医疗旅游最大的吸引力之一。开展医疗旅游的国家往往集中了先进的医疗

设施和设备，掌握先进技术的医疗界精英汇集于此，提供的医疗服务也具有卓越品质。

（三）行程方便快捷

短期便捷是医疗旅游的一项重要内容。一方面，医疗旅游用时短、恢复快，不影响或较少影响旅游者的行程；另一方面，随着医疗旅游带来的巨大经济效益，政府提供了种种优惠的医疗政策，医疗机构也不断完善，医疗旅游者可以方便快捷地选择医疗旅游产品与体验其良好效果。

八、养生旅游与健康旅游、医疗旅游的区别是什么

养生旅游与近年来国际上所倡导的健康旅游与医疗旅游有着重要区别。养生旅游更注重卫生的源头、过程和主动预防，即更强调“治未病”；健康旅游与医疗旅游则更重视卫生的结果、补救及被动治疗。从一定意义上说，养生旅游可以涵盖健康旅游与医疗旅游。养生旅游与养生文化、养生产业密切相关，双向支持，共同发展，且养生旅游可以辐射世界；健康旅游则以医疗卫生产业作为依托，是单向的支撑关系。

九、旅游资源是怎么回事

旅游资源是发展旅游的基础，而养生旅游需要具备养生品质的旅游资源。养生旅游资源是旅游资源的一大类型，专指具有促进身心健康、延年益寿功效的资源。有学者将养生旅游资源归纳为空气资源、气候资源、山林资源、水资源、养生文化遗迹资源与养生民俗资源六类。利于“养生”是核定养生旅游资源的标准与原则。养生旅游资源可归纳为自然养生旅游资源与人文养生旅游资源两大类。自然养生旅游资源是指大自然环境中有益于人类身心健康与延年益寿的资源，主要包括具有养生作用的空气、山、水、动物、植物五类。人文养生旅游资源主要是指人们对身心健康、延年益寿等养生经验、方法、技能的总结，包括古代养生术、武术、文化、医学四类。

十、旅游资源属性怎样分类

旅游资源属性分类

主类	亚类	次亚类	养生优势	典型举例
自然类	山林养生旅游资源	山岳	负氧离子高，紫外线充足	四川彭祖山“中国养生第一山”
		森林	富含臭氧、过氧化氢等杀菌消毒气体，具有生态保健、调节心理的功能	千岛湖国家森林公园

续表

主类	亚类	次亚类	养生优势	典型举例
	乡村养生旅游资源	生态田园	充足的阳光、原味的生态	法国“浪漫普罗旺斯”、印度阿南达乡村营地
		养生民居	浓郁的乡村养生气息	
		生态物产	绿色产品	
		养生美食	健康营养、搭配得当的美食	
	水滨养生旅游资源	地热温泉	特效矿物质及水温	
		湖滨、海岛	富含阴离子，有较大的热容量	腾冲地热资源
	草原盆地养生旅游资源	草原	促进空气电离	锡林郭勒草原
		盆地	温度、湿度适宜	四川盆地
人文类	人文养生旅游资源	传统养生	佛教养生，道教养生、儒家养生	峨眉道教养生
		民族养生	不同民族、民俗的养生方式	藏浴、食疗
		（医疗或度假）社区	利用高科技进行医疗养生或度假休闲	印度医疗旅游

（来源：张跃西《养生旅游产品设计》）

十一、旅游产品是怎么回事

旅游吸引物、旅游资源、旅游产品、旅游体验都是旅游学的基本概念，但国内旅游学术界对这些概念还没有达成共识。吴晋峰提出：旅游产品分为整体产品和具体产品两种类型。其中，整体旅游产品指旅游业各部门联合提供给游客的一次完整的旅游活动，具体旅游产品指旅游业各部门为满足游客吃、住、行、游、购、娱等六大方面的具体旅游活动需求而分别提供的实物或服务。整体旅游产品由具体旅游产品整合而成，但不是具体旅游产品的简单相加。

养生旅游产品有自然养生、人文养生与产业养生三个方面，具体包括温泉养生、生态养生、运动养生、滋补养生、文化养生、艺术养生、理疗养生、国药养生、茶饮养生与休闲养生等。

第二章

品读自然养生旅游资源

一、能作为养生旅游资源的空气

空气是由78%的氮气、21%的氧气、稀有气体与杂质组成的混合物。能作为养生旅游资源的空气分为山地空气与海滨空气。山地空气中含有益于人类长寿的空气负离子。研究证明，空气负离子浓度达到每立方厘米700个以上，可增进人体身心健康；达到1万个以上，可对多种疾病产生辅助疗效；达到10万个以上，能促进人体恢复自然痊愈力。

二、山地养生旅游资源

山地养生旅游资源主要是利用山地气候的疗养效应与山地环境的长寿因素。对人体身心健康有利的山地环境高

度范围是中、低山区，即海拔在500~2000米的区域。我国是一个多山的国家，山区面积占土地总面积的2/3。著名的山地气候养生地庐山、黄山、武夷山、武当山、普陀山、峨眉山等，除峨眉山海拔在3000米以上之外，其余海拔均在500~2000米。

三、海滨养生旅游资源

海滨养生旅游资源主要是指海滨的空气、沙滩、海水、气候与阳光。海滨空气中碘、氯化钠、氯化镁与臭氧的含量较高。其中，碘含量是陆地空气含碘量的40倍，不仅能补充人体生理需要，还具有一定的杀菌作用。北戴河、大连、青岛、烟台、鼓浪屿等均是著名的海滨养生地。矿泉水也是重要的水养生旅游资源，适宜的矿泉浴可促进机体的免疫功能，有延年益寿等作用。

四、植物养生旅游资源

植物养生旅游资源主要利用地是植物的精气和植物释放的气味。尤其是鲜花，不仅颜色赏心悦目，而且花香中含有一种既能净化空气、又能杀菌灭毒的芳香物质。另外，许多植物食物均具有防老抗衰作用，比如黑芝麻、桑葚子、枸杞子、龙眼肉、胡桃等，适量食用均有一定的抗衰延寿功效。

五、园林景观与养生

中国古典园林艺术是人类文明的重要遗产之一，具有悠久的历史，从有文字记载的殷周时期算起，中国园林至今已有3000多年的历史，以其东方文化精神的独特性与辉煌的艺术成就为世人所瞩目。

园林是为旅游观赏、休憩娱乐、陶冶情操、读书养性等而兴建的，包括山、水、石、动植物及厅、堂、馆、榭、轩、楼、台、阁、亭、廊、路、桥等各种建筑物的综合建筑群。它融建筑、雕塑、绘画、书法、金石艺术于一体，为中国文化四绝之一。

园林的养生功能主要体现于“园艺疗法”。当人们身处园林中时，可从环境中得到情绪的平复与精神的安慰，在清新的空气与浓郁的芳香中获得乐趣，有治病和养生作用。实验证明，合理利用植物的颜色进行园艺治疗，是园艺疗法的重要内容。浅蓝色的鲜花对高热患者有良好的镇静作用；紫色的鲜花可使人心情愉快；红色的鲜花能增进食欲；绿色的花叶经人眼摄入后，能很快被中枢神经系统处理，使人体呼吸、脉搏的次数明显减少，血流的速度也会减慢，紧张的神经得到松弛，听觉与思维活动的灵敏性则有所增强等。

园林不只是作为游憩之用，还具有保护与改善环境的功能。植物能够吸收二氧化碳，释放氧气，净化空气；植物还能够在一定程度上吸收有害气体与吸附尘埃，减轻污染；植物能够调节温度、湿度，改善小气候，还有减弱

噪声与防风沙等作用。园林艺术能够通过人的眼、耳、鼻、舌、身、脑等多种感官来感受，给人以多种感官上的享受。当人们游憩在景色优美和安静的园林中时，所带来的心理上与精神上美的感受与愉快的心情，有助于消除工作带来的紧张与疲乏，使脑力、体力得到较好的恢复，利于身心健康。园林中的文化、游乐、体育、科普教育等活动，更可以丰富文化知识与充实精神生活，是一种美好的享受。

六、花卉欣赏与养生

大自然的奇花异卉能美化环境、净化空气，为人类创造美好舒适的生活条件，人们还可以通过适当赏花、闻香、食花来养生。

（一）适当赏花调节情志

一个神经紧张或过度疲劳的人，只要步入花园，就会变得轻松自如，心情愉悦，视觉、听觉和嗅觉清晰，思维灵敏度提高。这就是在特定的环境中，园艺花卉对人们视觉、嗅觉等产生的多方位的安抚与保健作用，是有效地利用外界条件来调动内因的结果。

古人云“乐花者寿”是有一定道理的。近花之人长寿的奥秘在于养花是一种心理调节剂。当一个人全身心地投入到养花、赏花之中，会转移注意力，从而产生愉悦感。

（二）花卉的色彩疗法

花卉的色彩疗法，是指人们通过适当地观赏不同颜色的花卉达到治病、养生目的的一种疗法。人处在绿色的环境里可得到情绪的平复与精神的安慰；红色的花朵可促进食欲、增强听力；绿色植物能吸收阳光中的紫外线，减少对眼睛的刺激，并有保护和增强视力的作用等。

（三）花卉的芳香疗法

花香的不同是由花朵的内含物及其结构所决定的。鼻子可区分多种不同的香味，并通过数百万个神经细胞把香味信息传达到大脑，大脑通过对这些简单的信号进行加工，使香味变成感觉与情绪，比如本能反应、性冲动、进食需要、学习的能力、储存与记忆信息的能力等。芳香族物质还可刺激人的呼吸中枢，使人体吸进氧气、排出二氧化碳的过程加快，大脑供氧增多，从而保持旺盛的活力。

柠檬、薄荷等的香味可产生激励作用，能消除困倦、清醒大脑；茉莉花的香味具有理气、解郁之功；菊花的香味，则有清热祛风，平肝明目的功效等。

芳香疗法必须根据患者的需要与病情的不同采取个性化的治疗，并应在医生的指导下应用。

（四）花卉的食疗作用

鲜花入馔在中国具有悠久的历史，是中华饮食文化中的一朵奇珍。《离骚》中就有“朝饮木兰之坠露，夕餐菊花之落英”之记载。

据中国科学院昆明植物研究所民族植物研究室调查，仅云南各族群众常吃的花就多达160种。这些花有的可直接作蔬菜，有的可用于食品染色，有的可作为滋补品。但值得注意的是，不熟悉的花卉千万不要吃，以防中毒。

现今花卉的食疗功效得到了广泛的重视，如玫瑰花茶具有疏肝解郁、活血止痛的功效，适量饮用对肝郁气滞导致的神经衰弱、失眠等有一定疗效。

（五）花卉的药用

我国花卉入药历史悠久，世界闻名。李时珍的《本草纲目》中就记载了数百种花卉的功能。

万紫千红的奇花异卉，不仅美化着人们的生活，陶冶着人们的情操，而且还具有较高的药用价值。比如菊花具有疏散风热、平抑肝阳、清肝明目、清热解毒之功效；玫瑰花具有疏肝解郁、活血止痛的功效。值得提醒的是，花卉入药必须在医生的指导下应用。

七、湖泊景观与养生

湖泊具有冬暖夏凉、湿润空气、含有大量空气负离子等特点，与海滨有许多相似之处，但湖泊的日光辐射、反射与风速均不过于强烈，气候刺激性较小，因此是养生的良好之所。湖泊气候是由于水陆的热力学差异，在湖泊与其附近地域形成了湖陆风环流，使热能水分可以在水陆之间进行交换。湖泊对其附近地区气候的调节作用形成了湖泊效应。由于湖区气温年较差小，气温的日变幅与年变幅小，最适于中老年人养生旅游，特别适于患哮喘等呼吸道疾病的人疗养。

湖泊空气清新，氧气含量极其充足，湖面水波荡漾激起浪花，使湖区空气里富含一种带负电荷的负氧离子。经常呼吸这种新鲜空气，可激发人体各种良性生理反应，有益于身心健康。

湖泊日照充足，人体经日光中适当紫外线的照射后，可以增强皮肤与内脏器官的血液循环，血流畅通，体内新陈代谢旺盛，免疫力提高，可使人获得健美的皮肤、红润健康的面容，起到预防疾病的作用。

湖泊环境幽静，而以城市噪声为代表的环境污染，尤其对中老年人的健康有害，若经常到空旷恬静的湖泊水域

旅游，或散步、垂钓，幽静的环境能消除两耳的疲劳，有助于保持良好的听觉功能，利于身心健康。

适当利用湖泊开展适宜的项目锻炼身体，不仅能使皮肤洁净，更能提高心脏、肺脏等内脏器官的功能，可使肌肉发达，关节灵活，改善代谢、循环、呼吸、睡眠状态。

湖泊风景秀丽，历来受到人们的重视与喜爱，因此，在其周围汇聚了众多的名胜古迹与景点建筑，更增添了湖泊的艺术美与养生旅游价值。湖泊不仅自成构景系统，而且对其他构景系统也具有显著的衬托与美化作用。

湖泊水面可开展游泳、泛舟、滑水、帆船、垂钓、水球、舢板等体育运动，能陶冶情操，培养耐性、韧性，使人心胸开阔，心情愉快，有助于学习和工作效率的提高，尤其适合于养生旅游。

八、江河景观与养生

江河是地球的血脉。水天一色的江河与沿岸的山林风光、丰富多彩的人文景观，形成了秀丽多姿、景象万千的动人景致。在河流的上游，河面狭窄，水流湍急，奇峰、峡谷幽深，山光水色，瀑布深潭，急流险滩，引人注目；而河流下游则水面宽阔，时而贴近山麓，时而展延平川，形成风景各异、魅力无穷的旅游景观，比如我国的长江、黄河、漓江等。

我国适宜养生旅游的江河湖滨地段主要有太湖、淮河、珠江、钱塘江、漓江、松花江等。江河地带气候温和，湿润宜人，空气清新，空气负离子含量高，为适宜的疗养地、养生旅游地。疗养区可临江傍水而建，以水饰景，依山傍水，树竹成荫，环境幽静，适宜慢性病疗养，对于神经衰弱、失眠，呼吸、循环与运动系统的慢性疾病有显著疗效。

江河景观以湖光山色、繁花似锦、扁舟荡漾为特色，适当游览优美的江河景观可消除精神紧张，稳定情绪，改善睡眠与增进食欲。对于因大脑过度紧张或心理失衡引起的某些身心疾病，如高血压、冠心病、自主神经功能失调、消化性溃疡、更年期综合征等有良好的治疗作用。

江河边柔和的微风，可对人体裸露的肌肤做轻柔的按摩，使皮肤神经及皮下血管兴奋，有益身心健康。

从江河上游到下游，能够开展源头探险、漂流泛舟、划船等项目；能够观赏各种河流风景，如三角洲、河岸、峡谷、跌水等，以及文物古迹、滨水建筑物等与江河相关的一切景物。因此，在江河景观选择适宜的养生旅游活动，可促进身心健康。

九、瀑布景观与养生

瀑布将山水景致完美地融合在一起，形、色、声俱佳，有极高的观赏价值。瀑布，往往飞泻千丈直落而下，或遇石散开成伞状而落，形成雄、奇、险、壮之景观。它与山石峰洞、白云蓝天、林木花草等和谐结合，构成了美若仙境的奇妙世界。

瀑布的落差形成喷筒电效应，喷溅时水滴被截断分裂，水分子分离之后带正电，而周围的潮湿空气带负电，能产生较多称为“空气维生素”（亦称“长寿素”）的空气负离子，对人体健康有一定益处。空气负离子的多少，是衡量空气是否清新的重要标准之一。据世界卫生组织的数据，每立方厘米空气中空气负离子的浓度不低于1000个为清新空气。在瀑布飞溅之处，每立方厘米空气中所含空气负离子可达到2万个以上，因此，瀑布附近地区空气特别新鲜，可使人精神振奋，有益身心健康，利于养生旅游。古时道教养生家也多在此地采气修炼。

在瀑布附近一定范围内，空气负离子会保持一定的浓度，这种动态平衡的浓度被医学界科研人员认为具有辅助医疗价值。空气负离子可经过呼吸道或皮肤刺激引起神经反射，影响全身各系统，人体吸入后感到轻松愉悦，精力旺盛，可促进新陈代谢，提高工作效率，增强机体抗病能力；空气负离子对某些细菌与病毒具有杀灭及抑制作用，对肿瘤也有一定的抑制作用；空气负离子可调节神经系统的兴奋与抑制状态，使大脑皮质的抑制作用增强，能改善睡眠，调节大脑皮质功能，产生镇静、安眠、降血压等效应；空气负离子还有去除尘埃、消灭病菌、净化空气的作用。因此，在瀑布附近旅游及疗养，尤其适于慢性呼吸道疾病患者的康复。

瀑布按地质构造的不同分为熔岩瀑布、火山瀑布与高原瀑布等，对人的养生、治疗作用也有所不同。因此，应根据自己的身体状况，选择适合自己的瀑布景观养生旅游。

十、山岳景观与养生

中国著名的山岳疗养胜地有崂山、莫干山、泰山、黄山和庐山等。

（一）山地气候的养生作用

山地空气清新，透过性好，阳光直射强度大，红外线、紫外线光照强而时间长，有利于钙、磷代谢，尤其对骨质疏松的老年人有一定的康复与保健作用。山地中空气负离子含量高，对呼吸、神经、免疫、代谢等系统都有调节作用，可提高机体的适应能力与代偿能力。

（二）疗养健身

著名山岳均为避暑胜地，山地植被覆盖率高，空气清新，海拔1000～2000米的山地，是较为理想的疗养场所。山岳远离污染源，气流活跃，空气负离子含量高，为山岳独具的养生旅游气候。同时，高山景观雄伟，奇花异草丛生，鸟语花香，生机盎然，能给人以美的享受和欢欣快

感，构成了奇特的山岳养生旅游环境。研究结果表明，山岳地区紫外线辐射较多，能杀死病菌；而适量的紫外线照射，能促进人体皮肤黑色素氧化，增强抗病菌能力，还对维生素D合成、胃酸分泌、蛋白质代谢具有较强的促进功能。

十一、溶洞景观与养生

溶洞是指天然洞穴，另有掘地为窟作屋的人工洞穴（窑洞），古时候的人就居住在这种洞穴中，至今陕西、甘肃、河南、山西等地，仍有人居住在窑洞里。利用洞穴进行身心疾病的调治，称为岩洞疗法。

溶洞是一种重要的旅游资源。岩溶峰林神奇秀美，洞景迷人。洞穴环境具有恒温、恒湿、低噪声等特点，可储存食物，培养食用菌，酿酒，开展养生旅游、洞穴探险等项目。

溶洞有管状、袋状、长廊状与大厅状等形态，其大小与发育时间、岩性、构造、水动力等条件有关，悬殊极大。大的溶洞能容纳千人以上，小的溶洞则多为窄小的孔道，人无法通过。形成初期，小的溶洞彼此是孤立的，随着溶洞的不断扩大，孤立的洞穴逐渐连通。后期，大小洞穴与通道连在一起，形成迷宫型或树枝型的复杂洞穴系统。

古人早已认识到洞穴对人的身心健康的作用，也积累了丰富的实践经验。先秦名医扁鹊曾经隐居岩岳以修医术；唐代著名医药学家孙思邈上山采药，久居天然岩洞并以洞疗疾、养神炼体等。

溶洞内环境安静，空气清新，冬暖夏凉，气温宜人，很少有灰尘与病菌，既可避暑，又可避寒。洞穴中含大量空气负离子与人体必需的微量元素，如铁、锌、铜等，对人的神经系统有良好的调节作用，且可增强人体内各器官的协调能力，改善大脑皮质的功能，对平衡心理也有益处。因此，岩洞疗法对精神、心理、心血管、呼吸系统的疾病皆有良好疗效。

天然岩洞分为病房式与游洞式。病房式岩洞可于洞口

或干燥通风较好的洞内设置病床，并配备专门的医护人员指导患者疗养，可每天定时到洞外活动或者只白天住在岩洞里。

十二、草原景观与养生

一望无际、坦荡开阔的草原风光和自然美景相辉映，蓝天、白云、绿草、牛羊，构成一幅优美的草原风情图。粗犷豪迈的牧民，赶着成群的牛羊在草原放牧，星星点点的帐篷与鲜艳的民族服饰，在蓝天白云的衬托下，显得格外旷古悠然。阵阵牧笛与豪放的牧歌随风飘荡，人与自然和谐地融为一体。游人至此，无不为美丽的草原风光所陶醉。古老的传说，迷人的神话，勾起人无尽的遐想。源远流长的民族文化，别具一格的风土人情，辽阔无垠的草原以其独有的气势，点缀着祖国的锦绣河山，让人流连忘返。的确，草原是一块令人神往的养生旅游地。

草原是一个天然药库，是传统中药的主要产地之一。甘草、黄芪、防风、柴胡、知母等常见的中草药在草原俯拾皆是。一些名贵中药，如锁阳、冬虫夏草、雪莲等，也分布于草原之中，冬虫夏草主要生长在海拔2800米以上的高寒草原。

草原上生长的野花、野菜、野蘑菇，均具有极高的营养价值，尤其是维生素含量高的野生植物，不仅风味独特，而且具有药用功效，药食兼宜。但对于不熟悉的野生蔬菜一定不能食用，以防中毒。草原野生蔬菜种类很多，如百合、蘑菇等，它们大多生长于无污染的天然草地，作为绿色食品开发很有前途。草原还生长着许多维生素C含量高的植物，既可制成饮料，也可作为果品开发食用，如沙棘、杏仁等。

草原上散布的野花，释放出的杀菌物质植物精气与空气负离子，均是被称为空气维生素的物质，可消除疾病，焕发精神，增强意志。草原上的绿色植物，可使手术患者康复更快，因为绿色令人心情愉悦、神清气爽、心旷神怡，对恢复健康极有好处，因此，被誉为草原疗养院。

草原具有气候干燥、昼夜温差大、日照时间长、紫外线辐射量大、风向多变、风速大等特点。这种独特的气候有利于慢性肾脏疾病与骨关节疾病患者的疗养康复。草原自古就是道家修炼采气的好地方。

草原具有吸收二氧化碳、释放氧气的作用。草地植物通过光合作用进行物质代谢的过程中，可吸收空气中的二氧化碳并放出氧气，一般草地每小时每平方米可吸收二氧化碳1.5克。假设每人每天平均呼出二氧化碳0.9千克，吸入氧气0.75千克，50平方米的草地就可以将每个人呼出的二氧化碳全部还原成氧气。

草原具有净化空气的功能，可以提高空气的质量。草地能吸收、固定大气中的某些有害、有毒气体，能将氨、硫化氢合成为蛋白质，能将有毒的硝酸盐氧化成有用的盐类。草地还能分泌一些杀菌素，从而减少空气中细菌的含量。据测定，草地上空的细菌含量仅为公共场所的三万分之一，因此，草地是天然的空气净化器。绿草茂密的草原就像一个庞大的天然吸尘器，可不断地接收、吸附空气中的尘埃，对身心健康很有好处。

草原是净化心灵的佳境，能给人静谧的感觉，能开阔人的心胸，陶冶人的志趣，使人忘记工作的疲劳，给人以美的享受，是较好的调节情志的所在。

草原也是适宜开展游戏、娱乐的场所。蒙古族的那达慕大会，一般选择在草原的黄金季节七八月份举行。这时的草原秋高气爽，气候宜人，鲜花盛开，绿草如茵，牛羊肥壮，一派丰收景象。牧民们穿上节日的盛装，骑马或乘勒勒车，从四面八方赶到那达慕会场，参加盛大的节日活动。昔日宁静的草原，此刻彩旗飘扬，歌声回荡，车流滚滚，人欢马叫。到草原旅游的人们，如有幸遇上蒙古族的那达慕大会，可以观看到丰富多彩的比赛，比如摔跤、赛马、射箭、马术等，将更加不虚此行。

十三、沙漠景观与养生

去沙漠旅游，既可观赏到连绵起伏的沙丘、大片的天然胡杨林和沙漠绿洲等自然风光，又可通过“埋沙”养生、治病。埋沙疗法是新疆吐鲁番地区的民间传统疗法，即采取适宜、适度的“埋沙”来治疗关节炎、腰腿痛、急慢性胃肠炎等多种疾病。新疆吐鲁番火焰山“沙疗康复中心”已有千余年历史，每年夏季，天山南北，全国各地乃至国外的患者，纷至沓来，接受适宜自己的埋沙治疗，促进疾病的康复。

新疆吐鲁番火焰山“沙疗康复中心”位于市区西北16公里处。每年6月中旬至8月中旬，日最高气温均在40℃以上，沙丘表面温度可达65～80℃。午后的5～7时，人们纷纷登上这里的两座大沙包，此时沙丘的气温与沙子的温度已稍有下降，在密密麻麻的帐篷、遮阳伞下，人们或躺或坐，有的埋胳膊，有的埋双腿，还有的则把全身都埋在炽热的沙堆中。沙疗既经济又方便，对一些疾病的疗效明显超过药物与室内理疗。但值得提醒的是，沙疗必须在医生的指导下应用。

沙疗神奇的功效，得自吐鲁番地区独有的干热气候。沙疗具有日光疗、磁疗、放射疗等的综合作用。沙疗也称沙浴，沙子的温热刺激可使人体的末梢血管扩张，促进血液循环，埋沙后的柔和压缩与挤压作用，便于向人体组织深部传热，促进细胞的新陈代谢，增强抗病能力。沙疗区湿度低，空气干燥，昼夜温差大，机体经呼吸与皮肤失去的水分增多，因此，可改善肾脏功能，消除因肾脏疾病引起的水肿。干热气候还有利于各种渗出液与浸润物的消散，因此，对关节积液有良好的治疗作用。中医认为，沙疗的主要作用为舒筋通络、活血祛湿、散寒止痛。

沙疗分为全身沙疗与局部沙疗。全身沙疗是在沙地上挖一个与患者体形相当的坑，深度约30厘米。患者卧于其中，医务人员把热沙覆盖在其身上，仅露出头面、颈部与上胸部，同时用冷水毛巾冷敷头部，沙的厚度为四肢15～20厘米，腹部6～8厘米。治疗时间，开始为20分钟，以后酌情增加，渐达60分钟，每日1次，20次为1个疗程。局部沙疗则一般采取坐浴，患者端坐在太阳伞下，由医务人员将热沙覆盖于患者腰部以下，沙的厚度为20厘米，时间为60～90分钟，每日1次，20次为1个疗程。

沙疗过程中，患者应及时饮用适量淡盐水与补充适量食物，以防中暑与脱水。沙浴后用温水冲洗全身，补充体液，卧床休息30分钟。

据新疆吐鲁番“沙疗康复中心”多年来对各种疾病的临床观察发现，许多风湿性关节炎、类风湿性关节炎、神经痛、慢性腰腿痛、脊柱外伤的患者，经沙疗后的治愈率可达92%。不明原因的肌肉关节疼痛属虚寒型者，即遇寒和劳累后加重、阴雨天与气候变化时加重，沙疗的治疗效果也很好。此外，因虚寒导致的慢性腹泻、劳损性腰肌疾病，沙疗效果显著。

但对于热性病变（中医辨证为热证）、急性炎症、身体虚弱者、有出血倾向者则不能应用沙疗。此外，心脏功

能不全、肝肾功能衰竭、癌症、活动性肺结核患者等，均不宜。

十四、森林景观与养生

森林这种天然保健环境对人体的有益作用是多方面的。

（一）森林对人的物理效应

1.森林的气候效应

森林除了能影响大气中二氧化碳的含量之外，还能形成独具特色的森林气候，而且能影响附近一定范围地区的气候条件。树冠能大量吸收太阳辐射的热能，促进光合作用与蒸发作用，吸收空气中的热能，增加空气中的相对湿度，地表白天因有树冠的阻挡，透入太阳辐射不多，气温不会急剧升高，夜晚因有树冠的保护，有效辐射不强，因此，森林气温不易降低，森林内气温日（年）较差比森林外裸露地区小。

（1）调节气温：森林里的林木、树叶对太阳辐射的吸收与透射，改善了森林内的小气候，使人进入森林后顿感舒适，有益于人体养生与提高工作效率。据测定，森林因蒸腾作用与光合作用吸收的太阳热能为35%～70%，由于枝叶阻挡返回大气的热能为20%～30%，而直接到达森林地面的热能仅为20%～50%。

（2）湿度效应：由于森林中树冠的大量存在，使林内风速减小，湍流交换作用微弱，再加上树冠对林内水湿扩散的阻挡作用，使林内湿度效应增大。森林土壤含水分多，枯枝落叶覆盖地面，土质疏松，又阻滞了水分蒸发，因此，森林内的湿度比林外高10%～20%，甚至高40%。虽然森林湿度偏大，但由于温度较低，不仅不阻碍皮肤的正常水分蒸发，还可使人在森林中感到凉爽，特别是在夏季干燥季节，更可避免皮肤黏膜干燥。

2.减少辐射

树冠如伞，太阳辐射被林冠层反射、吸收，只有少部分透过林冠层进入森林之内。

3.消声效应

在森林中，树木枝叶的反射与折射消耗了部分声波能量，从而消散了部分音量；森林中的腐殖质层，犹如海绵体一样可吸收噪声。另外，声波传播速度与温度有关，温度越高，声波传播速度越快，而森林内温度低，声波传播速度明显下降。因此，森林可阻碍、消散与吸收声波。森林内环境幽静，有助于安定情绪，调节心态，消除疲劳，益于身心健康。

4.风速效应

森林是调节空气流动的天然屏障，当风吹向森林时，因树干、树枝的阻挡与摩擦、摇摆，迫使气流分散，风速迅速减弱。林风，白天可将森林内的冷湿空气吹向旷野，夜间可将森林内的暖湿空气散到旷野，从而调节了旷野的温度与湿度。

（二）森林对人的化学效应

1.天然“药用植物园”

许多植物本身会产生抗癌物质，比如喜树的树皮、树叶、枝条与果实中含的喜树碱对白血病疗效较好，对胃癌、淋巴细胞癌也有一定的疗效。其他树木，比如天麻、杜仲等也具有抗癌功效。

2.杀灭微生物

许多植物具有分泌杀菌素的能力，树木的叶、根、花、芽等可分泌多种挥发性物质，比如丁香酚、天竺葵油、柠檬油、萜烯、醛、乙醇、醚、有机酸等。特别是松、杉的挥发性物质含量更高，具有极强的杀菌作用，能杀灭真菌、病毒等致病微生物。树木分泌的杀菌素，可均匀地散布于2公里的地域范围内。1928年，前苏联科学家万·托京就发现，大蒜、葱、松树这类植物具有很强的杀菌作用，并把它们称为“植物抗生素”。森林里55%的树木能分泌芳香物，如单萜、倍半萜、双萜类挥发物质，具有杀菌、消炎、抗肿瘤功效。

（三）森林对人的生理效应

1.制氧与吸收二氧化碳效应

人们走进广阔的大森林，顿感空气清新，浑身爽快，这是由于叶绿素的光合作用可吸收二氧化碳，释放氧气，因此，森林有“天然制氧机”之称。每人每天要吸入0.75千克氧气，呼出0.4～0.9千克二氧化碳。1万平方米阔叶林夏季每天可吸收二氧化碳1000千克，释放氧气300千克，因此25平方米的森林就能满足每人每天呼吸的需要。

2.绿色效应

自然界中的各种颜色对光线的反射率、吸收率不同。绿色可以吸收阳光中对眼睛有害的紫外线，阳光照射到绿色植物体上只能反射36%～45%的光，这些反射光对人的神经系统、大脑皮质与眼睛的视网膜均有调节功能，从而缓解与改善紧张的情绪，有利于身心健康。研究发现，在拥挤的城市中，住在公园或绿树成荫的街道附近，有助于人的长寿。

3.负离子效应

森林的空气中含有非常丰富的负离子，这些负离子可调节人的神经系统功能，促进血液循环，改善心肌功能，促进人体细胞新陈代谢，显著提高机体免疫系统功能，延缓皮肤老化，能镇静、催眠与降低血压，使人心情舒畅，精神焕发，能激发和补充生命活力等。测定表明，森林里的空气负离子可达到2000个以上，远远高于其他地方。

4.森林浴的养生效应

森林浴是利用森林里湿润的空气、芳香的气体与森林中特有的负离子来调节人体功能、治疗疾病。森林浴是通过在森林里适量散步等运动方式，充分利用森林的自然条件，呼吸绿色环境中的新鲜空气以影响机体、促进健康，消除疾患的一种自然保健法。目前，在欧洲，森林浴已成为人们生活中一项不可缺少的内容。我国不少省市也建有森林公园或森林医院。许多慢性病患者经过一段时间的森林浴后，均有明显的康复效果。森林浴对呼吸系统、循环系统疾病的防治有显著的疗效。

森林浴分静息森林浴与活动森林浴。静息森林浴，是在指定的森林浴区内安静休息，同时配合静息与呼吸操，效果更好，适宜于年老体弱、行动不便的人，每次30～60分钟，每天1次，定时进行。活动森林浴，是在指定的森林浴区内，进行适当适量的健身活动，比如跑步、散步、垂钓、做操、打拳、舞剑等，适宜于体质较好的人，每次1～1.5小时，每天1次。

5.净化水质的作用

绿色植物能分泌杀菌素，可杀灭水中的细菌；植物的根系能截流吸收水中的有机物与可溶性无机盐。森林中洁净的水源还含有多种微量元素，有利于促进疾病痊愈与增强抗病能力。

十五、温泉养生

温泉是地壳深处的地下水受地热作用而形成的，一般含有多种具有活性作用的微量元素，如钠、钙、镁、硒等离子，有一定的矿化度，温度常在30℃以上，最高可达80℃。

我国医疗温泉分布最密集的地区是西藏南部、云南西部与台湾，占全国已知温泉总数的60%，温度都比较高；其次是东南沿海诸省与辽东半岛、山东半岛等地，数量与温度均不及前者。我国温泉不仅分布广泛，而且类型齐全，几乎包括了世界上所有类型的温泉。

（一）作用机制

温泉用于人类医疗保健事业有悠久的历史，我国在20世纪50年代就已建成上百所温泉疗养院。其作用机制如下：

1.温度作用

温水浴可使人体末梢血管扩张、脉搏加快、血压下降，调节神经系统的兴奋–抑制过程，对动脉硬化、高血压、脑出血后遗症的功能恢复均有一定的治疗效果。但若水温过高，会导致血液循环加快，增加心脏与血管的负担，因此，心血管疾病患者应该禁忌。

2.浮力作用

矿泉水的比重比淡水大，由于浮力关系，可使肢体重量在水中变轻，从而容易运动，有利于运动障碍的肢体恢复活动能力。另外，温泉可促进肢体的血液循环，有助于关节功能障碍、骨折后遗僵硬症、神经麻痹、肢体瘫痪者的功能康复。

3.压力作用

人体在浸浴时，胸腹与四肢均因静水压力而缩减。比如，胸围可缩减1厘米～3.5厘米，因而吸气感觉困难，呼气感到舒畅，进而促使浸浴者加强呼吸运动与气体交换，对肺气肿、支气管哮喘患者康复有利。同时因肢体受压，尤其是下肢受压，使心脏静脉血液回流变得容易，右心室容量增加，从而心输出量也增加，促进了血液循环与物质代谢过程，因此，对水肿、关节肿胀、静脉曲张等有一定的治疗作用。但由于静脉回流量加大，心脏负担加重，因此，对心功能障碍者不利，应禁忌。

4.化学作用

温度、浮力、压力等作用在淡水浴中同样可以获得，化学作用则是矿泉浴独有的。

矿泉水的化学作用取决于它所含的化学成分。在饮用矿泉水时，化学成分是经胃肠黏膜吸收进入血液发挥作用，浴疗则是通过皮肤进入体内，有的甚至不经过皮肤吸收，而是附着在皮肤上，形成具有医疗作用的药物分子薄膜，对人体的神经末梢感受器发挥作用。浴疗时还可经呼吸道把气体成分与挥发性物质吸入体内，比如氡、二氧化碳、硫化氢等，从而发挥治疗作用。

（二）不同类型温泉的养生保健功能

1.淡温泉

许多温泉属于此类，比如临潼华清池温泉。高温浴适用于各种慢性风湿性与类风湿性关节炎、神经炎、神经痛、外伤后遗症、腰肌劳损、增生性骨关节炎、慢性盆腔炎、慢性附件炎、牛皮癣、鱼鳞癣、神经性皮炎、慢性湿疹、糖尿病、痛风等。不感温浴（水温34℃～36℃）则适用于高血压、早期动脉硬化、轻度冠心病、心脏神经官能症、脑血管意外后遗症、神经衰弱、自主神经失调、更年期综合征、不孕症等。

2.氡泉

氡是弱放射性气体，在其蜕变过程中所产生的α、β、γ射线，具有很强的穿透能力与电离能力。氡泉对神经衰弱、高血压、低血压、糖尿病、内分泌紊乱、月经不调、皮肤瘙痒等多种疾病均有一定的康复治疗作用。

3.硫化氢泉

硫化氢泉是指1升温泉水中含硫量在2毫克以上的泉水。硫化氢泉浴能改善皮肤硫平衡与皮肤营养代谢状态，还可溶解角质，软化皮肤，帮助肉芽与上皮细胞生长，有利于皮肤外伤的治疗，还可改善皮肤血液循环与新陈代谢，因此，对皮肤疾患有显著的治疗效果。

4.硅酸泉

硅酸是机体生长与骨骼发育必不可少的元素。硅酸泉浴有助于湿疹、皮肤瘙痒、银屑病的治疗。

5.碳酸氢钠泉

碳酸氢钠泉又称“天然苏打水”，可软化皮肤，浴后皮肤光滑柔软，清爽舒适，对创伤、皮肤病有一定疗效。碳酸氢钠泉在水解时形成氢氧根离子，呈碱性，故又称碱性泉。主要适应证为慢性皮肤病、烧伤后遗症、慢性风湿病、慢性胃肠炎、胃酸过多症、糖尿病、痛风、尿路结石、妇女慢性生殖器炎、慢性支气管炎、咽喉炎等。禁忌证有肾炎、肾盂肾炎、水肿等。

6.铁泉

铁泉是指1升温泉水中含铁离子在10毫克以上的泉水。铁泉浴适宜于各种慢性失血性贫血、寄生虫性贫血、慢性疟疾、慢性病恢复期等。对妇女慢性生殖器疾病、慢性皮肤病等有一定疗效。

7.碳酸泉

碳酸泉是指1升温泉水中含游离碳酸0.5克～1克的矿泉。碳酸泉浴可使周围循环血量增加，血压下降，组织营养改善，并可促进消化与排泄。适用于疲劳综合征、肥胖、轻中度高血压、早期冠心病、末梢循环障碍、脑血管痉挛、脑血栓后遗症、慢性胃炎、胃酸缺乏症、胃下垂、习惯性便秘、坐骨神经痛、神经炎、慢性肾炎等。禁忌证有较重的心功能不全、重度高血压、急性炎症、急性风湿病、3～6个月的心肌梗死、胃及十二指肠溃疡、胃酸过多、腹泻等。

值得注意的是，必须在医生的指导下选择适宜的温泉浴。

我国著名的温泉、矿泉有山东青岛崂山矿泉、云南腾冲温泉群、黑龙江五大连池矿泉、吉林长白山温泉、辽宁汤岗子温泉、辽宁兴城温泉、北京小汤山温泉、河北承德热河温泉、江苏南京汤山温泉、福建福州温泉、台湾温泉群、广东从化温泉、陕西临潼华清池、重庆南北温泉等。

第三章

观赏人文养生旅游资源

一、中国古代养生术

国学是指中国传统的学术文化。中国传统文化的基本结构是“一源三流”，源头是易，三流是儒、释、道，易为主干，三教互补。易道是构成中华文明的主线和中华文化的支点，自有《易经》以来，它的精神就深入到中华文化的方方面面，上至朝堂，下至市井，从帝王到普通百姓的生活都与之息息相关。它对儒释道，乃至中医理论体系均有至关重要的影响。

中国古代有三大以“经”命名的奇书，第一部是《易经》，第二部是《道德经》，第三部是《黄帝内经》。这三部经典，再加上《论语》和《六祖坛经》，并称“国学五经”，分别代表了易、道、医、儒、释。读透这五部经典，就可以一窥博大精深的国学精髓了。

（一）儒家养生术

以孔孟为代表的儒家，宣扬仁义礼乐之教，对中国的政治、文化与教育均产生了较大的影响。

1.倡修身养性，重道德情操

儒家思想以“仁爱”为核心。体现在医学上，要求医者以仁爱精神治病救人；体现在养生上，倡导养心保神，注重仁、义、礼、智、信等道德修养，将追求至善至美的道德情操与人的自我完善作为养生的最高目标。认为“仁者不忧”“仁者寿”。

2.处事不偏不倚，行为中庸中和

儒家思想以“中庸”为行为准则，孔子在《论语》中最早提出“中庸”一词。之后，孔子后裔作《中庸》曰“喜怒哀乐之未发，谓之中；发而皆中节，谓之和。中也者，天下之大本也。和也者，天下之达道也。致中和，天地位焉，万物育焉”。宋代朱熹的《中庸章句》云“中庸之中，实兼中和之义”。二者均将“中”与“和”相联系，由“中庸”进而提出了“中和”的概念。“中”是指不偏不倚、无太过无不及，“和”是指合乎节度；“中”是天下之本源状态，“和”是天下最终之归宿，达到中和是宇宙万物运动变化的根本目的。中医学则认为，中和是维持身心健康的必要条件。

3.重生活起居，调饮食五味

孔子非常重视起居养生。《论语·乡党》提倡“食不语，寝不言”，反对“寝处不时”“劳逸过度”。孔子喜欢音乐、垂钓、射箭，游览大好河山，留下“仁者乐山，智者乐水”之说。儒家养生重视饮食，其饮食观：一是，强调饮食“守礼”，《论语·乡党》明确提出“八不食”的饮食礼制，总体精神是强调饮食的卫生与习惯；二是，强调饮食无偏、无过，重视食物配伍，在《周礼》《仪礼》《礼记》三部儒家经典著作中，蕴含了大量的儒家饮食文化思想，《周礼·天官》中记录了王室饮食、《礼记·内则》载有饮品与食物达几十个品种。由此可见，儒家饮食观主张杂合而食，以求从中获取多种营养，达到营养均衡。

4.避祸

儒家重视避祸，但今人却往往忽略。

5.养气

儒家主张既养健康身体，又养健康心理。

（二）道教养生术

以老庄为代表的道家学说，其主要内容就是自然天道观，它不仅是中国传统文化的哲学基础，而且对中医学许多观点、概念的形成也起到了重要的作用，特别是与中医养生理论有着直接的关系。

道教，是汉族原生的宗教，东汉汉安元年（142年）由张道陵创立，为宗教定型化之始。道教的养生思想直接受到中国传统文化的影响，关系最密切的当推先秦神仙观、《周易》阴阳五行学说和以老庄为代表的道家哲学。道教产生时，《内经》已经成书，故其养生理论之基也取源于中医学。

道家的养生思想、养生方法在中国的养生学中，是最为突出，也是最为精彩的。中国的养生流派主要有四家：儒、佛、道、医，而道家无疑是第一位的。道家的主旨就是尊道崇德、贵生全身。因此，道家及后来的道教在养生方面，不仅有独具一格的理论体系，而且有切实可行的修炼方法，有秘诀，也有秘法。道家、道教养生博大深邃，说不尽，道不完。

道家与道教虽有密切联系，但却不是一回事。道家与道教最大的区别就是无神论与有神论的区别。道家是无神论，是一种伟大的哲学思想，老子是哲学家，老子与庄子是道家哲学的开创者。道教是有神论，是宗教。无论是道家还是道教，有一点是共同的，那就是尊崇生命，讲究养生，乞求长生不老。

在道家、道教看来，人身小天地，天地大人身。天地可以天长地久，生命也可以长生久视；天地有无限的能力，人也有无限的潜能。只要坚持科学修炼正宗道家养生术，就会出现生命的奇迹——不仅可延长生命的长度，而且可增加生命的厚度；不仅可增加生命的数量，而且可提高生命的质量。

道家养生思想中非常重视“精气神”。认为气是构成万物之要素，决定其生成与毁灭。《庄子·知北游》云“人之生，气之聚也，聚则为生，散则为死”，主张以精之充盛作为健康长寿的关键；《管子·内业》载“精存自生，其外安荣”，认为神为精气相合之体现、生命活动之外象。老子亦曾说“神得一以灵”。精足、气充、神旺，方能使生命之根本巩固，因此，后人视精气神为“三宝”。道家的养生术丰富多彩，但归结起来无外乎养精、养气、养神三种。服食、辟谷、外丹偏于养精，行气、导引、吐纳、胎息偏于养气，存思、存神、静坐、坐忘偏于养神。内丹则是精气神三者共养、共炼，内丹术也是道教最有代表性的养生方法。

自然无为是老子哲学“道”的重要观念，提出天道与人道两大法则，并认为人道应效法天道。《老子·二十五章》云“人法地，地法天，天法道，道法自然”，认为天地万物的发生、发展有其必然趋势，主张顺其自然，反对人为干扰、征服与破坏，此乃天道无为；认为人道也要依乎天理，提倡“清静无为”的处世哲学，要求人们少私寡欲，反对人为的自益其身，过度追求物质享受，此乃人道无为。天道与人道之无为相合，才可使养生达到天人合一的境界。

道家崇尚返璞归真。《老子》中多处言及“婴儿”“赤子”。其意有二：一是希望人们内心清净明澈，回复到人生最初的单纯状态，保持孩童时代的自然天真、质朴无邪，即养生追求精神上的超脱与自由；二是由婴幼儿的新生与柔弱、一个人精气神最旺盛的婴儿阶段启迪我们，微小的事物会逐渐发展壮大而走向胜利，幼小柔弱的事物却富有生命力，反之，事物强大了也会走向衰亡，如同人体生长到极限就会衰老甚至死亡。此乃道家“贵柔”的立身之道，老子云“坚强者，死之徒；柔弱者，生之徒”。

道家养生主张以静养神、以动养形，形神兼养。道家吸取了春秋以前导引养生术的精华，创立了一套顺乎自然的气功养生法。

道家饮食养生的大原则：适量饮酒，饮食有节，轻荤重素，五禁（韭、蒜、薤、芸苔、胡荽），三厌（雁、狗、乌鱼），平衡中和等。

辟谷是道家特有的一种修炼方法。

（三）佛教养生术

佛教（释家）并非中国的本土宗教，其发源于古印度，一般认为自东汉永平十年（67年）进入中国并迅速传播。经三国两晋至南北朝，佛学的翻译及研究日渐发达，与中国原有的儒教、道教互相渗透、融合，形成了别具一格的中国本土化佛教，成为与儒、道并举的中国三大教之一。

佛教与道教的人生观完全不同。佛教认为人生在世是“苦”，其终极关怀是从这世界解脱出去、追求寂灭，达到一个永恒的涅磐状态；道教追求的则是生命的永恒，其终极关怀是长生久视或飞升成仙，虽然看似道教更具积极性与富有生命意义，但事实却是那些置生死于度外，以脱离苦海为目标，生活淡泊艰苦的佛教高僧们往往更长寿，这就使人们不得不去探索其中的奥秘了。佛教的思想、行为方式、精神追求等看似消极，实则蕴藏着深刻的养生内容，其积极的一面经历代医家吸取，逐渐被吸收入传统养生学中。

佛经指出，导致人身疾病之因有其自身因素与饮食、环境、五脏生患、情感等。养生应做到：身体和谐；自戒自律，佛家有五戒、十戒等，以戒律约束对酒、色、食、财的欲念；与环境互存，重视生存环境的清幽秀美、生活的淡泊宁静；提倡健身功，创达摩易筋经为佛门益身功法等。

佛教对中医养生学影响最大的莫过于“禅定”。禅定对中医养生的意义：一是清静调神、调心，使各种意念归于静止；二是参禅，实为一种佛家气功，从而进一步丰富了中医气功养生的内容。

在佛教中，记录佛陀教化众生的真理语录，称为“契经”（上契诸佛之理，下契众生根机）。在中国佛教典籍中除了释迦牟尼佛亲宣的典籍之外，唯一被世人尊称为“经”的，就是传诵千年的《六祖法宝坛经》，简称《六祖坛经》《坛经》或《法宝坛经》。该经是由六祖的弟子法海等集录的慧能大师的言行录。六祖大师以“不立文字”“直指人心”的方式，让来源于印度的佛法彻底中国化，使佛陀的智慧与中国本土“三玄”（《老子》《庄子》《周易》）的智慧水乳交融，可谓“易道为魂，三教交融”，形成了别具一格的中国化佛教——禅宗，促进了佛教在中华文明土壤中的辉煌发展。因此，可以说佛教虽发源于印度，但光大于中国，这一辉煌灿烂局面的开拓者正是六祖慧能大师。读《六祖坛经》可领悟禅宗的生命智慧，提升精神境界；读《六祖坛经》可明心见性，参悟宇宙生命的真相；读《六祖坛经》可更好地活在当下，拥有洒脱人生。

二、中国传统运动养生

（一）气功

气功是中华民族在长期与自然界及自身疾病、衰老、疲劳斗争的实践中，逐渐探索、总结出来的以古典哲学思想为指导，以调身、调息、调心（神）为基本方法，使人体营卫气血周流全身，百脉通畅，脏腑调和，身心融为一体，以开发人体潜能、强身健体、延年益寿为目的的身心锻炼方法。气功不仅历史悠久，而且有着广泛的群众基础，千百年来，它对中华民族的健康、长寿、繁衍起了重要的作用。

气功一词最早见于晋代道士许逊著的《宗教净明录·气功阐微》一书。在晋代之前的道家典籍中，称气功为“导引”“炼丹”“吐纳”，儒家称之为“正心”“修身”，佛家称之为“止观”“参禅”，医家称之为“摄生”“导引”。在历代医籍中，以“导引”为名者较为普遍，而“气功”一词，则在近代才广为应用。

气功养生虽好，但必须在专业气功老师的指导下练习，且必须循序渐进，持之以恒。

（二）太极拳

太极拳是我国传统的健身拳之一。由于其动作舒展轻柔，动中有静，圆活连贯，行气相随，外能活动筋骨，内能流通气血，协调脏腑，故不但用于技击、防身，而且更广泛地用于健身防病。

太极拳必须在专业老师的指导下练习，且必须循序渐进，持之以恒。

（三）八段锦

八段锦是中国传统的养生功法。据文献记载，北宋年间八段锦就广泛流传于世，明代以后，许多养生著作中均可见到关于八段锦功法的记载，如《类修要诀》《遵生八笺》《保生心鉴》《万育仙书》等都收录了这套功法。八段锦的名称是将该功法的八组动作与效应比喻为精美华贵的丝帛、绚丽多彩的锦绣，以显其精练完美的编排与良好的祛病健身作用。八段锦流传较广，流派甚多，有“文八段”（坐式）与“武八段”（立式）之分，由于立式八段锦便于习练，故流传较广。八段锦功法以脏腑分纲，具有较好调整脏腑功能的功效。清末《新出保身图说・八段锦》将八段锦的功法特点与功效以歌诀形式总结为："两手托天理三焦，左右开弓似射雕；调理脾胃须单举，五劳七伤往后瞧；摇头摆尾去心火，两手攀足固肾腰；攥拳怒目增气力，背后七颠百病消。"

八段锦必须在专业老师的指导下练习，且必须循序渐进，持之以恒。

（四）五禽戏

五禽戏是我国古代传统导引养生功法的代表之一，具有悠久的历史。五禽戏是通过模仿五种动物——虎、鹿、熊、猿、鸟的动作编创而成的导引功法。模仿动物的功法早在汉代之前就有，如《庄子・刻意》中记载"熊经鸟申，为寿而已矣"。1973年，湖南长沙马王堆汉墓出土的四十四幅帛书《导引图》中也有不少模仿动物的姿势，如"龙登""鹞背""熊经"等。东汉时期，华佗将之前的功法进行了系统的总结，并组合成套路，通过口授身传进行传播。五禽戏开始并没有文字流传，到了南北朝时期，才在陶弘景的《养性延命录》中用文字记录了下来。随着时间的推移，五禽戏功法辗转传授，逐渐形成了各流派的五禽戏并流传至今。该功法通过模仿不同动物的形态动作与气势，结合意念活动，能起到舒经通络、强健脏腑、灵活肢体关节的功用。

五禽戏必须在专业老师的指导下练习，且必须循序渐进，持之以恒。

（五）易筋经

易筋经是中国传统的养生保健功法之一，相传为印度达摩和尚所创。宋元以前仅流传于少林寺僧众之中，自明清以来才日渐流行于民间，且演变为数个流派。“易”者，变易、改变也；“筋”指筋肉、经筋；“经”指规范、方法。易筋经功法重视姿势、呼吸和意念的锻炼，按人体十二经与任督二脉之运行进行练习，锻炼过程中，气脉流注合度，流畅无滞。通过形体的牵引伸展、抻筋拔骨来锻炼筋骨、筋膜，调节脏腑经络，由变易身形之筋脉肉骨，进而变易全身气血精髓等，以达到强筋健骨、和畅经脉、壮实肌肉、增强体质、充沛精力、延年益寿之目的。

易筋经必须在专业老师的指导下练习，且必须循序渐进，持之以恒。

三、文化养生旅游资源

（一）音乐养生

音乐养生是指人们通过聆听音乐，在音乐的氛围中，使自己的精神状态、脏腑功能、阴阳气血等内环境得到改善，从而调养身心、保持健康、延年益寿的养生方法。

音乐能够美化生活、净化心灵、激发才智、休闲身心、蓄积活力。在音乐的多种功用中，养生保健是其本来的作用和功能，中国古人对此早有认识和总结。琴棋书画在古代称为“四雅趣”，而琴居四雅之首，是各种美妙乐声奔流飘逸而出的工具。在修身养性方面，音乐最有力量。《史记·乐书》云：“音乐者，所以动荡血脉，通流精神而和正心也。”《群经音辨》记载：“乐，治也。”说明音乐能够调理精神血脉，调治身体，延年益寿。

《黄帝内经》论述了音乐与人体生理、病理、养生益寿与防病治病的关系。认为角为木音通于肝，徵为火音通于心，宫为土音通于脾，商为金音通于肺，羽为水音通于肾，详细阐明了五音、五行与五脏的内在联系。《晋书·乐上》言：“闻其宫声，使人温良而宽大；闻其商声，使人方廉而好义；闻其角声，使人恻隐而仁爱；闻其徵声，使人乐养而好施；闻其羽声，使人恭俭而好礼。”说明音乐可影响感情变化。

现代研究证实，音乐对于调节心血管系统与消化系统功能，缓解肌肉紧张与神经紧张等均有良好的功效。

一曲活泼欢快的乐曲能使人精神振奋，情趣盎然；一首优美雅静的乐曲可让人畅志舒怀，情绪安定；而一曲悲哀低沉的音乐却可催人泪下。说明聆听音乐可调节心理的不平衡状态，对于人的生理具有重要的养生意义。

人体有许多规律的振动，如人的脑电波运动、声带振动、心脏搏动、肺的收缩、肠胃的蠕动、肌肉的收缩舒张等均有一定的节奏。当人患病时，体内节奏往往处于异常状态，选择适宜的乐曲，借音乐产生的优美和谐音频，能使人体各种振动趋于协调，从而有益于患者恢复健康。声波具有的特殊能量，传入人体后，使细胞发生和谐的同步共振，能直接对细胞产生一种微妙的按摩作用，消除疲劳，增进细胞新陈代谢，促进内分泌系统的分泌和调节功能，从而可达到增强机体免疫力等目的。

聆听音乐的确有较好的养生效果，但必须酌情选用。

1.养心宜徵调乐曲

心为五脏六腑之主，精神之所舍。生活与工作压力大、睡眠减少与运动过少等不良因素长期作用于人体，就会伤害心气，导致心慌、胸闷、胸痛、烦躁。徵调乐曲活泼轻松、欢快明朗、惬意宣泄，其代表曲如《紫竹调》《百鸟朝凤》等，对调理心脏功能有较好的效果。

2.养肝宜角调乐曲

若长期被一些烦恼的事情所困扰，会导致肝气郁结，从而出现抑郁、易怒、乳房胀痛、口苦、痛经、眼部干涩、胆怯。角调乐曲亲切爽朗、柔和甜美、生机盎然，其代表曲如《胡笳十八拍》《蓝色多瑙河》等，有利于平调旺盛的肝气，达到疏肝理气的作用。

3.养脾宜宫调乐曲

脾胃为后天之本，气血生化之源。饮食不节、思虑过度等会损害脾胃之气，造成腹胀、便溏、口唇溃疡、肥胖、面黄、月经量少色淡、疲乏、内脏下垂等。宫调乐曲沉静稳健、辽阔厚重、悠扬绵绵，其代表曲如《十面埋伏》《鸟投林》等，可调节脾胃功能。

4.养肺宜商调乐曲

肺主气，司呼吸，主管人体气机交换，与环境直接相通。若环境污染，空气质量下降，各种病邪容易袭肺，造成咳嗽、吐痰、鼻塞、气喘。商调乐曲高亢昂越、激愤悲壮，铿锵雄伟，其代表曲如《阳春白雪》《黄河大合唱》等。在这类音乐旋律中，不断调理呼吸，可调补肺气，促进肺的宣发肃降。

5.养肾宜羽调乐曲

肾藏元阴元阳，是人体精气的储藏之所。若人体精气较长时间耗损，会出现面色晦暗、形寒肢冷、小便清长、腰酸膝软、性欲低下等。羽调乐曲清纯温婉，潺潺流淌、阴柔滋润，能调理肾气，其代表曲如《梅花三弄》《汉宫秋月》等，适当欣赏此类乐曲，能助长肾中精气。

6.其他

昂扬活泼、欢快明朗的音乐可助人消除愁思忧虑，比如《蓝色多瑙河》《春之声圆舞曲》等角调乐曲可以制约忧思；《溜冰圆舞曲》《喜洋洋》等徵调乐曲可以减缓忧愁；云淡风轻、凄美滋润的音乐可帮助人们舒解烦躁愤怒，如《梁祝》《汉宫秋月》等羽调乐曲可缓和克制急躁情绪，《江南好》《威风堂堂进行曲》等商调乐曲可制约愤怒情绪。

不同体质、不同身体状态的人对音乐的感受会不同，不论高雅的古典音乐还是通俗质朴的大众音乐，只要聆听后能让欣赏者感到身心舒畅，能很快调整心情，一般来说，就是其适合的音乐。

（二）弈棋养生

弈棋养生是指人们在对弈的过程中享受弈棋的乐趣，使人的精神情绪专一宁静，从而使脏腑功能、阴阳气血等内环境得到调理，达到调养身心、保持健康、延年益寿的养生方法。弈棋不仅是智力竞赛，更是有利身心健康、延年益寿的娱乐活动，是一种历史悠久的良好养生之法，且十分普及。

棋类活动较多，比如围棋、象棋、军棋、跳棋、五子棋等，中国民间还有许多简约的棋类游戏，比如打三棋、对角棋、六子冲等。有些棋法较复杂，需要较长时间的学习磨炼或研究前人的相关著述，才能登堂入室，比如围棋、象棋。而军棋、跳棋、五子棋等则简单易学，更适于普通大众娱乐。

弈棋要求心无杂念，精神集中，全神贯注于棋局，谋定而动，在凝神屏息间得到气功样的调心、调息效应。棋局变化使人精神有张有弛。弈棋可以洁心涤虑，消除烦恼，安神养身。适当弈棋，有利于培养温和有礼、谦虚谨慎、不急不躁、沉着冷静的良好性情，以及积极进取、排除万难、努力获胜而又不被胜败所乱的定力修养。棋如人生，人生如棋，下棋能醒悟人生，磨炼心性。下棋是一种积极的脑力活动，布局对垒是思维的较量、智力的角逐。下棋是智力“体操”，适当操练，能锻炼思维，保持智力聪慧不衰。尤其是中老年人，经常适度弈棋可以保持活跃的脑神经活动，防止老年痴呆。适当与棋友会棋，切磋技艺，还可在谈笑风生中释怀解闷、忘却病痛，收获友情、收益快乐。下棋作为一种活动，可排遣孤独寂寞，可使生活有趣味、精神有寄托、与他人有互动、与社会不脱离，从而有利于身心健康。

下棋虽然是有益的活动，但若不适度控制，以致废寝忘食，反而有损于身心健康，因此，弈棋应注意以下几点。

饭后不宜立即弈棋。若饭后立即面对棋局，会使大脑紧张，减少消化道的供血，从而引起消化不良与肠胃病。

不要得失心过重。不要因为棋局的输赢而过分激动或争强好胜，应有一笑对输赢的宽阔胸怀，不计较得失，要以养生、探讨技艺为出发点。若因棋局的输赢过度激动，易伤身，可诱发中风、心绞痛。

不要挑灯夜战。下棋时间要适度，否则容易疲劳，而诱发疾病。

不宜弈快棋。所谓快棋，就是下棋速度快，每一步棋有时间限制。快棋虽能锻炼人的思维敏捷性，但较耗费心神，不利于身心健康。

（三）书画养生

书指书写，画指绘画。书画养生是指凝神静气，心神专注于书法绘画中，用以陶冶性情、活跃心智、愉悦心情的一种养生方法。

书法，是汉字独有的、具有浓郁民族特色的艺术表现形式。汉字的书写不仅是一种表意的方法，更是通过不同的手法，创造出了一种独特的艺术。传承几千年的书法艺术，不论行书、楷书，还是隶书、草书等，其神韵、美妙足以令人神往。无论是临摹习学，还是信手挥毫，均能让人得到心旷神怡的美好心境。正如《老老恒言·消遣》中说“笔墨挥洒，最是乐事”。书画同源，书者与画者心情同境。

1.养生机理

习练书画能调气血，通经脉。写字作画时必须集中精力，心正气和，自如地运用手、腕、肘、臂，从而调动全身的气与力。如此的书画过程中，可通融全身气血，使身体内气血畅达，五脏和谐，百脉疏通，体内各部分功能得到调整，精力自然旺盛。

习练书画可静心宁神。书画创作者在创作过程中往往将注意力高度集中在构思上，运笔时的呼吸与笔画的运行协调配合，自然形成了精神、动作、呼吸三者的和谐统一，对人的身心健康、神经系统与心肺等脏腑均可起到调节作用，且绝虑凝神，志趣高雅，便能以“静”制“动”，消除紧张焦躁，遇事沉稳淡定。

习练书画可防病治病。从心理方面看，楷书可除烦，隶书使人恬静，行草使人充满激情，因此，有人称书法是在纸上进行的气功与太极拳。写字要求凝神静虑，全神贯注，心平气和，意沉丹田，气运形随，灵活运动手、腕、肘、臂以至全身，使全身气血得到疏通，体内各部功能得到柔和的调整，促进血液循环和新陈代谢，从而防病治病。

2.注意事项

劳累之后或病后体虚，不要强打精神勉力书画，本已气虚，再耗气伤身，会加重身体负担，不易恢复。

大怒、惊恐或心情不舒，不宜立刻写字作画。因为气机不畅、心情难静之际，很难写出好字、绘出好画，且会使情绪更糟，影响健康。

饭后不宜马上伏案写字作画。饭后伏案，易使食物壅滞胃肠，不利于食物的消化吸收。

四、中医养生旅游资源

（一）饮食养生

饮食养生，简称“食养”，是指在中医理论指导下，依据食物的特性，合理地选择、加工与利用食物，从而滋养人体精气、平调阴阳、维护健康、延年益寿的方法。中医有利用食物特性以治疗疾病的方法，称为“食疗”。一般来说，“食养”适用于所有人群，而“食疗”主要针对疾病人群，二者之间没有绝对的界限。

饮食养生不仅是中医养生学的方法之一，更是中国传统文化的重要组成部分。它的许多理论均渗透着中国古代天人相应、阴阳平衡、五行生克的哲学思想，在维系中华民族生存繁衍与身心健康、延年益寿方面发挥着极其重要的作用。

在医生的指导下合理安排膳食或制成药膳适量食用，利于身心健康与延年益寿。

（二）药物养生

药物养生是在中医药理论指导下，合理运用药物来强身健体、祛病延年的方法，是中医养生保健的重要手段之一。千百年来，历代医家不仅发现了许多具有养生作用的药物，而且创造了不少行之有效的著名养生方剂，积累了极其丰富的药物养生经验。

药物养生要遵循中医药的基本理论，只有用中医的思维合理使用药物，才能有助于身心健康，起到预防疾病、延年益寿之效。若盲目滥用，则适得其反。此外，药物也不是万能的，如果只依靠药物，而不进行自身的科学锻炼与摄养，也是不能收到良好养生效果的。因此药物养生应掌握如下原则：注重体质，因人选药；天人相应，顺时选药；辨证用药，切忌滥用。药物养生必须在医生的指导下合理用药，切忌个人随意购药服用。

（三）针灸养生

1.针刺养生

针刺养生，是根据中医理论，运用针具对特定穴位，施以提、插、捻、转、迎、随、补、泻等不同手法，激发经络本身的功能，以达到疏通经络、调畅气血、和谐营卫、增强体质、延年益寿的养生方法。

针刺养生疗效确切，但必须由专业医生进行，切忌自己随意进行，但可以在医生的指导下适当按摩一定的穴位养生。

2.艾灸养生

艾灸养生是根据中医理论，用艾条或艾炷在身体特定穴位上施灸，以达到和气血、调经络、养脏腑、防病治病、益寿延年的目的。中医学认为，灸法适应证广，疗效确切，安全可靠，易学易用，广泛运用于各科疾病的治疗与保健中，是我国独特的养生康复方法之一。

艾灸养生疗效确切，但必须在专业医生的指导下进行，切忌自己随意艾灸。

（四）推拿养生

推拿养生法，是根据中医理论，通过一定手法刺激体表经络或腧穴，以疏通经络，调畅气血，调理脏腑，达到防病治病、促进康复、延年益寿的目的。由于其方法简便易行，防治结合，效果安全可靠，成为深受广大群众喜爱的养生保健措施。

推拿养生法老幼皆宜，疗效确切，但必须由专业医生进行或在医生的指导下进行，切忌自己随意按摩。

（五）拔罐养生

拔罐养生是根据中医理论，以罐为工具，利用燃烧、抽气等方法，形成罐内负压，使之吸附于体表穴位或患处，形成局部充血或瘀血，而达到防病治病、强壮身体、延年益寿目的的一种中医养生方法。

拔罐养生疗效确切，但必须由专业医生进行，切忌自己随意拔罐，或在医生的指导下进行。

（六）药膳养生

中医药膳是在中医理论指导下，将不同药物与食物进行合理组方配伍，采用传统与现代科学技术加工制作，具有独特的色、香、味、形、效，有保健、防病、治病等作用的特殊膳食。

唐代著名医药学家孙思邈明确指出："若能用食平疴，释情遣疾者，可谓良工，长年饵生之奇法，极养生之术也。夫为医者，当须洞晓病源，知其所犯，以食治之。

食乃不愈，然后命药。”提倡在防治疾病的过程中要始终遵循“食乃不愈，然后命药”的原则。

我国目前药膳的现状：一种是出于纯医药工作者之手的“有效难吃的药膳”，其特点是“以药物为主体”，食用者感觉是“用药”而不是“用膳”，结果影响食欲，达不到食疗之目的；一种是出于纯厨师之手的“好吃疗效差的药膳”，其特点是味道可口，用膳者乐意食用，但达不到食疗之目的，根本原因就是缺乏医学养生知识，不能辨证施膳；一种是出于既懂医学养生知识，又精于烹调技术的真正“药膳大家”之手的“疗效、色香味形皆备的理想药膳”，可惜目前这种理想的药膳太少见。

理想药膳的制作既要精于烹调技术，又要具有丰富的医学知识；既要注意疗效好，又要讲究色香味形；应将药隐于食，并在感官上保持膳食特色。

原卫健委公布的既是食品又是药品的名单中有山药、阿胶、枸杞子等，其中，山药以怀山药为道地药材，阿胶以东阿阿胶为道地药材，枸杞子以宁夏枸杞子为道地药材。只有药材好，药膳才能好。以道地药材制作药膳既弘扬中药道地药材优势，也是提高药膳食疗养生效果的重要措施。

药膳防病、治病疗效确切，值得提倡，但药膳必须在食疗医生的指导下应用。

（七）膏方养生

1.膏方是怎么回事

膏方，又叫膏剂，以剂型为名，属于中医里丸、散、膏、丹、酒、露、汤、锭八种剂型之一。膏剂有外敷和内服两种。外敷膏剂，是中医外治法中常用的剂型；内服膏剂，即后人习称的膏方。

膏方是医生根据病人的体质因素、疾病性质，按照君臣佐使原则，选择单味药或多味药配伍组成方剂，并将方中的中药饮片经多次煎煮，滤汁去渣，加热浓缩，再加入某些辅料，如红糖、冰糖、蜂蜜等收膏而制成的一种比较稠厚的半流质或半固体的制剂，具有补虚疗疾、调理机体的作用。此类剂型容易贮藏、保存，便于长期服用。由于膏方药物浓度高，体积小，药性稳定，服用时无须煎煮，口味较好，便于携带，历来受到病家的青睐。

2.内服膏方的分类

根据加工途径的不同，内服膏方分为成方膏方与临方膏方两类。

（1）成方膏方：是指由药厂成批生产加工而成的膏方，作为中成药商品在药店进行销售。

（2）临方膏方：又称“定制膏方”，是医生针对患者身体状况进行辨证处方，做到一人一方，由药店或医院药房定制加工制成膏方，每一剂膏方只适合该方患者本人服用。加工定制膏方属于临方制剂范围，各中药房要严格遵照《中药炮制规范》要求进行接方配药、加工制剂。正是因为临方膏方做到了一人一料药、专人制一膏，因此更加具有针对性，疗效也更明显。

此外，还可根据膏方加工中所选辅料的不同，将制成的膏方分为“糖膏”“蜜膏”“荤膏”“素膏”等不同品种。如膏方加工中以白糖、红糖或冰糖收膏的称为

“糖膏”；以蜂蜜收膏的称为“蜜膏”；以动物类来源的胶，如阿胶、龟甲胶、鳖甲胶、鹿角胶等收膏的称为“荤膏”，而不以动物类胶收膏的膏方则称为“素膏”，“糖膏”“蜜膏”均属于“素膏”类。

3.膏方的作用

中医膏方是在中医辨证论治原则指导下，正确运用中药，并经特殊的加工工艺制成半固体的内服剂型，以达到祛邪治病、扶正补虚、增强功能、消除症候、防病治病、强健机体、延年益寿的目的。现代研究认为膏方通过科学的配伍可以达到增强免疫功能、提高机体适应性、改善内分泌紊乱、改善造血系统和骨骼系统功能、增强心脑肾功能、治疗虚证、抗衰老等作用。

4.膏方的应用范围

膏方的适应人群非常广泛，可根据男、女、老、幼及不同年龄阶段的生理特点、身体状况等，依据中医理论科学配制膏方，酌情应用。

5.糖尿病患者能否应用膏方

对于糖尿病患者，为其配制膏方时可选择一些低热量的甜味剂。市售常见的有元贞糖等糖尿病用糖，以及甜菊糖、木糖醇、阿斯巴甜等天然物提取制剂或人工合成的甜味剂。加入上述甜味剂，可以增加膏方的甜味，但不会提高血糖水平。在膏方加工时适量加入甜味剂替代部分蔗糖或替代全部蔗糖，可以达到矫味的效果。但是，此类甜味剂的添加，必须严格按照产品使用说明，按量取用，不得随意超量，以免产生副作用。

6.膏方的制作

膏方的制作比较复杂，有严格的程序，自制者必须依其程序进行，否则不能达到预期效果。

（1）浸泡

先将配好的药料检查一遍，把胶类药、贵重药检出另放，然后把其他药物统统放入容量相当的洁净砂锅内，加适量的水浸润药料，令其充分吸收膨胀，稍后再加水以高出药面10cm左右为度，浸润24小时。

（2）煎煮

把浸泡后的药料上火煎煮。先用大火煮沸，再用小火煮1小时左右，转为微火以沸为度，煮1～3小时，此时药汁渐浓，可用纱布过滤出头道药汁，再加清水浸润原来的药渣后上火煎煮，煎法同前，此为二煎，待至第三煎时，气味已淡薄，滤净药汁后即可将药渣倒弃。将三煎所得药汁混合一处，静置后再沉淀过滤，药渣愈少愈佳。

（3）浓缩

滤净的药汁倒入锅中，进行浓缩，以药汁滴在纸上不散开为度，此时方可停止煎熬，这就是经浓缩而成的清膏。

（4）收膏

把蒸化开的胶类与糖（以冰糖和蜂蜜为佳）倒入清膏中，放在小火上慢慢熬炼，不断用铲搅拌，直至能扯拉成旗或滴水成珠（将膏汁滴入清水中凝结成珠而不散）即可。

另外要注意，在收膏的同时，可以放入准备好的极细药末（如鹿茸粉、人参粉、冬虫夏草粉等），在膏中充分抹匀。

（5）存放

待收好的膏冷却后，装入清洁的瓷质容器内，先不加盖，用干净纱布遮上，放置一夜，待完全冷却后，再加盖，放入阴凉处存放。如放在冰箱冷藏更佳。但不宜用铝、铁锅作为盛器。

7.弘扬道地药材提高膏方疗效

道地药材是中医药的精华和中华民族的宝贵财富，中国历代医家十分重视道地药材的研究与发展。千百年来，道地药材一直是中医治疗疾病、药膳食疗、养生保健最有力的助益之一。只有药材好，配制的膏方才能好。所以，道地药材在医药事业发展中具有举足轻重的地位，在提高膏方疗效上有极为重要的意义。

几乎所有的膏方均用到阿胶、龟甲胶、鳖甲胶、鹿角胶等胶类中药，最常用的是阿胶。

8.膏方的保存

膏方制作完成后，让其充分冷却，才可加盖，可以存放在瓷罐（锅、钵）中，亦可以用搪瓷烧锅存放。

由于膏方用药时间较长，尽管冬季为多，但遇暖冬就要小心发生霉变了。如遇气温连日回升，则应隔水高温蒸烊，切忌直接将膏锅放在火上烧烊，以免造成锅裂与底焦。在膏药蒸烊后，一定要把盖打开，直至完全冷却，方可盖好。切不可让锅盖的水落在膏面上，否则过几天就会出现霉点。在每天服用膏方时，应该用一个固定的汤匙，以免把水分带进去而造成发霉变质。

如遇气候潮湿或者天气变暖，在膏方上出现了一些霉点，此时宜用清洁水果刀刮去表面有霉点的一层，再隔水高温蒸烊。若霉点较多，在膏面的深处也见霉点，就不能再服用了。

9.膏方服用季节

（1）冬令季节，服用膏方

冬季是一年四季中进补的最好季节。在冬天，科学配方，适当内服滋补膏方，可以强壮身体。民间素有“冬令一进补，春天可打虎”的说法，是很有道理的。

（2）非冬令季节，也可服用膏方

一年四季均可服用膏方。运用膏方进行冬令滋补只是其使用的一个方面，另一方面，由于膏方既有滋补身体的作用，又有治疗预防的功效，因此患有慢性损耗性疾病的患者或大病后、手术后身体非常虚弱的患者，也可以采用膏方进行调治。根据患者身体的虚弱情况，进行中医辨证，在滋补的同时，配合理气、和血、调中、化浊、通腑、安神、固涩、通络等药物一起使用。

10.膏方服用方法

（1）服法

膏方一般是每天早中晚各一次或每日2～3次。应空腹服用，此时人体胃肠空虚，吸收力强，且不受食物干扰，药物易于发挥作用，可以达到补益的目的。如空腹服用，胃肠有不适感，可以改在半饥半饱时服用，每次1～2调羹，用温开水化服，如方中用熟地黄等滋腻药较多，且配药中胶类剂量又较大，则膏方稠黏较难烊化，应隔水蒸服。

（2）忌口

服用膏方期间应忌食莱菔、绿豆及其制品、浓茶、酱菜；如见阴虚火旺患者，忌食辛辣刺激食物；如见阳虚有寒患者，忌食生冷饮食；如见支气管哮喘、过敏性鼻炎患者，忌食虾蟹腥味。

11.膏方服后不良反应与处理

少数人服用膏方后，会出现一些不适：

（1）滋腻呆胃，纳食减少，或不思纳食，腹部胀满。

（2）齿浮口苦，鼻衄，面部升火，大便秘结。

（3）来年春夏感到不适，厌食，困倦，入夏怕热，也有出现低热、皮疹、齿浮、便秘等。

这些不良反应，可能在刚开始服用膏方时出现，也可能在第二年春夏才出现。为防止出现这些不良反应，在服用膏方时应注意，尽可能祛除湿浊，调整好胃肠功能。若服用几天就出现不思饮食、腹胀，应暂停服用，改用1～2周理气和胃消导药后，再少量服用，慢慢增加。若见齿浮口苦、鼻衄，则应酌情将清热泻火、解毒通腑药煎好后放入膏方中，一起服用以纠偏差。

4

第四章

感受养生旅游产品

一、静观养生旅游

静观养生旅游是以静态形式与观看形式为特点的养生旅游，以达到“静以养神”的养生效果。具体可在宁静的度假村、静养场开发垂钓、裸足漫步、参观书画展、观歌舞表演、观摩艺术家书画、览万亩梯田、看地方戏、风光览胜等静观养生旅游项目。

二、听诵养生旅游

听诵养生旅游是以“听”“诵”形式为特征的养生旅游产品，以求获得科学的养生知识与身心放松的养生情趣。可选择开办养生文化学堂，举办养生文化讲座（讲授中医养生、儒家养生、佛教养生与道教养生等养生文化）、养生经验交流会、辞赋诵读会、音乐欣赏会、歌曲演唱会等听诵养生旅游项目。

三、动形养生旅游

动形养生旅游是以“动”的方式参与养生术的学习，通过参与动形养生活动来达到养生的目的。可开发道教养生术教习、佛教养生术教习、导引教习、太极教习、武术教习、歌舞表演、戏曲弹唱、书画学习等动形养生项目。

四、饮食养生旅游

饮食养生旅游是以合理安排饮食获得养生需求的旅游产品，可开发道教养生宴、佛教养生膳食、生态养生餐厅、山珍宴、品茗茶会等饮食养生旅游项目。

五、吐纳养生旅游

吐纳养生旅游是以习古人吐纳之术达到养生的目的。可开发森林吸氧、竹海吸氧、空气负离子吸呼区、生态屋等吐纳养生旅游项目。

六、浴拿养生旅游

浴拿养生旅游是通过科学的浴身与推拿按摩达到调节身体功能的养生效果。可根据水、日光、空气、泥沙等不同养生资源，选择开发森林浴、海水浴、药浴、温泉浴、矿泉浴、泥浴、沙浴等浴拿养生旅游项目。

七、“三农”养生旅游

“三农”养生旅游是让久居喧闹都市的人们到恬静的乡村旅游，通过体验“三农”养生旅游项目获得养生的目的。可根据农村具体情况选择开发市民农园、农业公园、吃农家饭、干农家活、住农家房等“三农”养生旅游项目。

八、中医诊疗

（一）中医药购物旅游

中国名贵的中药材遍布大江南北，比如东北的人参，西藏的雪莲，宁夏的枸杞子，广东的陈皮，山东的东阿阿胶，四川的黄连，贵州的天麻，云南的茯苓、三七，河南的怀山药等。种植有这些天然药材的地区就可抓住中药材这一独特资源，树立当地品牌，进行特色开发。旅游者可以去原产地购买道地药材，既可作为居家疗养之物，又可作为纪念品与送礼佳品。

（二）中医药观光旅游

中医药观光旅游是指参观游览中医药建筑、雕塑与药用植物，以观赏性为主的旅游，可分为中医药人文景观旅游与中医药动植物观赏旅游。中医药人文景观主要指古代著名中医药建筑、雕塑以及现代的中医药博物馆等，包括殿、碑亭、冢墓、庙、碑等。游客在欣赏中医药文化景观的同时，又可了解千奇百怪的中草药与制作中药的动物，从中感受博大精深、源远流长的中医药文化。

（三）中医药体验式旅游

中医药体验式旅游是让游人亲身体验中医药文化，用眼睛看，用耳朵听，用嘴尝，此外，还有针灸、刮痧、饮茶、食药膳、中药美容、气功减肥、五禽戏、体操养生、太极拳等体验形式。值得提醒的是，中医药体验式旅游必须在中医药专业医生的指导下进行。

（四）中医药学术旅游

中国医药学是一个伟大的宝库，中医药文化是中华文明的重要组成部分，历史悠久，博大精深，几千年来出现了众多的中医药典籍。比如《黄帝内经》《神农本草经》《伤寒杂病论》《脉经》《本草纲目》等，这些典籍反映了当时中医药的发展水平，记载了丰富的中医药治疗方法。中医药学术旅游就是针对中医药专家与学者而开发的特色旅游产品。

九、怎样选择养生旅游产品

要因人、因时、因地酌情选择养生旅游产品，也就是要按照旅游者的病情与体质等实际情况进行科学安排。比如，在游览中安排登山涉水、漂洋过海、探险揽胜等为动游。动游含有阳刚之美，适合于青壮年人与体力较好者。在旅行中安排游览巴东的丰都鬼城，登临黄山的奇峰险景等为险游。险游具有镇心降火之功，可调节过度兴奋的情绪，适宜于心火过旺者。在旅行中安排游览杭州的岳飞庙、北京的卢沟桥与圆明园遗址，可引起人们的情绪变化为怒游。怒游适宜于思虑过度、情绪郁结者。在旅行中安排游览赤壁遗址、洞庭君山，可激起人们的思古之幽情，称为思游。思游具有镇静之功，适用于患有恐慌症的人。在旅行中酌情安排汨罗江之游，使人因凭吊屈原油然而生悲伤之情；秋冬万物萧条，给人以悲凉之感，称为悲游。悲游具有制怒平肝之功，适宜于情绪易于激愤者。在旅行中安排欣赏园林风光与小桥流水、泛舟湖泊、品茗赏月等称为静游。静游具有阴柔之美，最适宜于中、老年人与体质较弱者。

第五章

中国养生旅游范例

一、广誉远养生旅游概况——发挥“治未病”优势，打造中医药养生旅游基地

广誉远始创于明嘉靖二十年（1541年），是我国历史最为悠久的中药企业及中药品牌，以其近500年无断代的传承，享有“中华中医药活化石”的美誉。2006年获国家商务部首批“中华老字号”称号，也是山西省医药行业唯一的中华老字号企业。

其主导产品龟龄集系中国最早的中药复方升炼剂，采取多种珍贵药材，应用道家特有升炼技术炼制而成，享有“炼丹活化石”之称，是祖国医药宝库中的一份独特遗产。作为人类几千年追求长生不老实践的总结，龟龄集剔除炼丹术金丹之弊，多用动植物药材，荟萃古今养生思想，曾专供明清两朝18位皇帝，被乾隆列为“不可一日不用之补品”，并御批“甚好，足嘉也”。其所具有的提高

人体免疫力、抗衰老、健体魄、延年益寿的功效，成为我国传统医药中兼具治疗与养生功效的一大珍品。

另一传统独特产品定坤丹系清代乾隆年间全国名医集体创造，为我国妇科综合制剂的最高总结，是我国医药宝库中“古方所未备，珍秘而不传”的神奇品种。迭经数百年临床证明，对预防、治疗各类妇科疾病功效卓越，因而驰名中外，深受广大患者欢迎。

广誉远安宫牛黄丸是根据“天人合一”理论，结合阴阳五行辨证观，采用特有的制作技艺自创的独特产品。自创始以来在急救中屡建神功，是我国传统药物中久负盛名的急症用药，因此素有“救急症于即时，挽垂危于顷刻”的美誉。同时，安宫牛黄丸对预防中风等心脑血管疾病的发生，尤其是对于预防二次中风的发生具有神奇作用。在惊蛰等重要节气服用安宫牛黄丸，成为我国人民养生保健的一大传统。

依托这些珍贵产品所特有的“治未病”养生思想，广誉远形成以“天人合一”思想为主要特征的养生理念及养生体系，在推动传统养生发展中发挥着重要的引领作用。

（一）广誉远系列养生产品

作为拥有近500年历史的传统制药企业，广誉远长期从事中成药的生产及研制，拥有丰富的产品群及多个传统独特的主导产品，现有丸剂、胶囊剂、酒剂、片剂、颗粒剂、散剂、口服液等剂型104个“国药准字”号产品和保健食品“远字牌龟龄集酒”。

龟龄集成方于明嘉靖年间，因效果显著，由嘉靖亲赐药名“龟龄集”，以示服用此药可以获得像千年神龟那样的高龄。龟龄集源自道教思想，其组方依据传统医学“天人合一”整体观念，采用天地人三才合一之说，应用与二十八星宿相应的二十八味药材组成。结合三才、五行、八卦、九宫等道易学说进行逐味炮制，经水浴、夜露、日晒、装银锅等多道程序，进入炉鼎升炼至周天度数而成。全部炼制过程总计有99道大工序，369道小工序，是目前复方炼丹技术最完整的现实生态。

龟龄集集治疗、预防、养生于一体，应用范围非常广泛。400多年的实践证明，其强身、健脑、固肾、补气、增进食欲、调整神经之功效卓著，临床常用于肾亏阳弱、记忆减退、夜梦精遗、腰酸腿软、气虚咳嗽、五更溏泻、食欲不振之症，既有祛邪之效，更有扶正之功，深合中医气化之理，故服之愈久，愈觉身轻体健，达到中医所谓阴平阳秘、百病不生之效。

作为广誉远独家产品，龟龄集独特的炮制及炉鼎升炼技术也为国内及世界所独有。2004年被认定为国家级保密处方及工艺技术，2008年列入国家级非物质文化遗产保护名录，2017年获“山西名药”称号。

妇科综合治疗制剂定坤丹是广誉远传统独特产品。清乾隆四年（1739年），太医院集全国名医编修《医宗金鉴》之际，乾隆命将宫妃瘀血病列入，以英谦为首的医学界巨匠，集思广益，据清代竹林寺僧《竹林女科证治》中“补经汤”一方，删减增补，施以临床，因其功效显著，乾隆遂把此药命名为“定坤丹”，意为“坤宫得到安定”。同时将定坤丹列为“宫帏圣药”，专供内廷使用。

后经时任监察御史的山西太谷人孙廷夔带回太谷，辗转机缘作为商品流传，成为山西太谷传承至今的独特方剂。

定坤丹组方有一个特点，就是既用“人参”，又用“五灵脂”。从中医药配伍禁忌来说，这两种药属于“相畏”，不能一起使用。但在定坤丹中反其道行之而收奇效，起到“古方亦有相恶相反者，乃不为害，非妙达精微者不知此理”“汤加人参、五灵脂，是畏而不畏也……此皆精微奥妙，非达权衡者不能知”的精微妙达之理。因而，被历代医家称为组方配伍的经典之作。清慈禧太后因感念此药功力不凡，为定坤丹御笔亲题“平安富贵”。

定坤丹处方精妙且用料珍奇，主要有人参、鹿茸、当归、熟地、红花、三七、白术、枸杞、香附、鹿角霜等二十多种名贵药材。所选药材均需经特殊的炮制工艺处理方可投料入药，其中多项关键工艺属于几百年密而不传的绝技。

定坤丹1985年获国家金质奖，1990年再度复评为国家质量金奖；2004年被国家科技部、国家保密局联合认定为国家级保密处方及工艺技术；2011年列入国家级非物质文化遗产保护名录；2017年获“山西名药”称号。

广誉远安宫牛黄丸采用独特的炮制及制作技艺而成，处方出自清代医家吴鞠通的《温病条辨》，是我国传统药物中最负盛名的急症用药，与紫雪丹、至宝丹并称为“凉开（温病）三宝”，并被奉为“三宝”之首，具有清热解毒、镇惊开窍等功效。广誉远安宫牛黄丸于2014年列入国家级非物质文化遗产保护名录；2017年获“山西名药”称号。

广誉远牛黄清心丸处方源于宋代《太平惠民和剂局方》，是历久不衰的效验医方。清光绪十一年（1885年），广誉远前身广升远对成药生产大力改革，在招牌产品龟龄集、定坤丹基础上扩大特色产品的生产销售，延聘当时名医，在广集温病验方基础上，由黄连解毒汤等一脉传承，依据《太平惠民和剂局方》卷一的“牛黄清心圆”进行加减化裁，并采用自身独特的炮制及制作技艺，研制成具备自身特色的传统产品牛黄清心丸，因清心化痰、镇惊祛风作用显著，一时声名大振，广为流传至今。在中药界有“科学凉茶”之称，是防治结合的名方。现已列入山西省省级非物质文化遗产保护名录，2017年获“山西名药”称号。

（二）广誉远中医药养生旅游资源

1.独特的优势资源

广誉远始历经广盛号、广升远、广升誉、延龄堂、广源兴、山西中药厂等字号，是我国历史最为悠久且无断代传承的中药企业，曾与同仁堂、胡庆余堂、陈李济并誉为“清代四大药房”。广誉远以其久远的历史、产生到其后的流传推广，传载了中医药的历史进程，见证了中医药不断发展创新的时代精神，对中医药的发展产生着巨大影响。

广誉远依托传统特色，致力于创新发展，形成五大核心竞争优势：

一个中华老字号：国家首批中华老字号企业，也是山西省医药行业唯一的老字号企业。

两项国家级保密配方：龟龄集、定坤丹。

三项国家级非物质文化遗产：龟龄集、定坤丹、安宫牛黄丸。

四大核心产品：龟龄集、定坤丹、安宫牛黄丸、牛黄清心丸。

五百年光辉历史文化：龟龄集、定坤丹均源自宫廷；与多位领导人结下不解之缘；在漫长的发展过程中形成“治未病”的养生文化。

2.中医药历史文化厚重

（1）享誉全国的“广帮”历史。以广誉远之“广”形成的太谷广帮，纵横中国南北药材市场一个世纪之久，在中国药材流通史上有着不可替代的重要地位，并留下大量的遗迹古存。

（2）有文字记载最为悠久的一段活态历史。广誉远始创于1541年，是我国有文字记载开堂最早的制药老字号，近500年的发展历史也是我国传统中医药发展的一个缩影。

（3）字号众多。广誉远是1955年由广升远、广升誉、广源兴、延龄堂四家药店商号合并组成。太谷作为晋商故里，鼎盛时期药号有100多家，基本都在各地广设分庄分号，太谷药号遍布全国。广誉远所收并的四家药店是太谷经营规模、名气最大的商号，从这一角度来说，广誉远是了解我国近代中医药经营的窗口。

（4）传承众多别具特色的国宝级产品。目前，广誉远有龟龄集、定坤丹两大国家级保密产品，龟龄集、定坤丹、安宫牛黄丸三项国家级非物质文化遗产保护项目，还有八宝玉枢丸、麝雄至宝丸等一批广誉远独特传统产品，位列国家级非物质文化遗产生产性保护示范基地。

（5）承载多项独一无二的原始制作技艺。广誉远有多项技艺列入国家保护，其中如龟龄集的升炼技术是我国目前唯一保存完好的“炼丹”技术，定坤丹中姜炭的制法完全沿袭古法，许多制作技艺不仅具有科普价值、研究价值，还有较强的观赏价值。

3.中医健康养生资源富集

（1）有完整的“治未病”养生文化体系。广誉远制药的最大特色在于“天人合一”，这一基本理论在广誉远的制药环节中得到充分的体现，以这种理论形成的“顺应天时”的养生思想是广誉远的天然气质。

（2）有丰富的养生产品群。无论是龟龄集的益寿延年，定坤丹的呵护女性，安宫牛黄丸对老年疾病的预防，牛黄清心丸对现代人群的保养，任何性别、年龄、职业的人群都可以找到适合自己的养生方式和养生产品。

（3）有名医、名药、名店工程。广誉远正在全国建设的百家千店工程，主旨在于打造100家“国医馆”。以“名老中医+精品饮片+精品中药”的方式，树立中医国粹形象。

（4）有广誉远特色的中医药养生体系。包括杏林一号、中医问诊、四季养生、二十四节气养生等综合性养生服务。

4.国学文化资源丰富

广誉远拥有的不仅是中医药文化，更有将中医药文化与世俗生活相结合的多元化的国学文化。

晋商文化——广誉远旧址所在的晋商大院，是晋商发展成就及风俗生活的集中表现。

帝王文化——龟龄集、定坤丹源自宫廷，与明清两朝18位皇帝都有渊源，形成广誉远文化中的神秘色彩。

道教文化——龟龄集是道家炼丹术在中药中的直接应用，龟龄集的制作过程就是道教文化的全面展示。

世俗文化——广誉远以其特有的影响力将养生文化融入当地百姓的日常生活，如节令时分服食养生保健品、食品，形成当地特有的一种风俗。

5.专业人员队伍庞大

作为拥有近500年历史的传统医药企业，广誉远中医药养生理念深入人心，拥有一大批老药工及中医药专业人士，掌握着独特的制药技艺及中医药知识。

6.节气养生的习俗

太谷是有着浓厚中医药文化传统的地方。这不只体现在出产龟龄集、定坤丹这样的祖国医药珍贵品种，不只体现在产生了广誉远这样的传统医药老字号，更体现在太谷人民沿袭至今的养生日常和“十人九懂医”的风俗习惯上。惊蛰服食牛黄清心丸、安宫牛黄丸，冬至服用龟龄集，在太谷成为一种习俗，其透露的就是一种天人合一的养生思想。

7.名人效应

（1）皇家圣药，历史悠久。“龟龄集”由明嘉靖皇帝赐名，雍正朱批“朕躬之安，皆得龟龄集所致”，并将其赏赐亲王功臣，乾隆将其列为“不可一日不服”，御批“甚好，足嘉也”。“定坤丹”由乾隆皇帝赐名，慈禧太后为定坤丹亲批“平安富贵”。

（2）名人青睐。广誉远的发展受到党和政府的高度重视，多位国家领导人都关心着广誉远的发展，叶剑英为其题写厂名，聂荣臻建议龟龄集由散剂改为胶囊，粟裕为公司题词“精益求精制良药，兢兢业业为人民”。

（3）国际声名远播。近年来，通过发展精品中药，龟龄集等产品成为中医药国粹的代表，作为“国家名片”成为国礼。

（三）过去、现在、未来的养生旅游设施

1.有反映广誉远历史发展及成就的老字号遗址

清代以太谷广升远、广升誉为魁首的广帮是专门经营药材进出口生意和营销广东土产药材的帮口，与卫帮、淮帮共同担负着进口南亚、东南亚地区热带植物性药材、动物性药材、矿物性药材批发和出口国内人参、鹿茸、当归、枸杞等山地药材的重任。因其大都在广州设有分号，经营着进出口药材的批发生意，商号名称又均带有“广”字，所以被称为太谷广帮。太谷广帮药商因龟龄集、定坤丹而兴起，借助太谷的商业势力和金融势力，驰骋中国南北，经营进口药材和广东土产药材北运、中国传统山地药材南输的生意，垄断着北中国的南药供应。广誉远在经营

南北药材流通生意的同时，通过购进济南特制补品阿胶，经过加工，制成福、寿、财、喜牌号的阿胶出口，一度垄断了济南阿胶的出口；同时重视中成药研制，研制出诸如安宫牛黄丸、牛黄清心丸、麝雄丸、三肾丸、千金散、两助丸、女金丹、养心丸、补心丹、清瘟解毒丸、金鹿丸、玉枢丹、防风通圣丸、小儿七珍丹、祛风保婴丹等几十种名贵中成药。在中国传统医药史上有着举足轻重的重要作用。

至今，广誉远仍保留着位于太谷西大街的前字号广升远、广升誉、广源兴三处大院，是波澜壮阔的中医药发展史及养生习俗形成的重要见证。

2.有反映广誉远发展历史的工业化遗址

1959年春，广誉远新厂区开始建设，于1963年在太谷城南门外建成了占地100亩的广誉远新厂区。搬迁后，通过工具改革及健全制度，形成现代化中药生产企业。

1966年更名为“红卫制药厂”。

1973年更名为“山西中药厂”，隶属省卫生厅。1978年研制成功了具有独特风味的名贵药酒龟龄集酒。1979年、1980年，龟龄集、定坤丹连续两年获国家质量金奖。在全国21家重点中药企业排行中名列前茅，并一度列为全国8个重点中药厂之一。

1998年，企业改制为“广誉远中药有限公司”。

2003年8月，与西安东盛集团重组，发展成为集中成药生产、销售、研发于一体的现代制药企业及中医药文化传承发展基地。

广誉远的发展是一部中医药工业化建设的历史，是我国中医药工业化的缩影，不仅记载了我国中医药产业在不同历史时期与时俱进的发展壮大，也见证了中医药发展的辉煌成果，对传承发展我国中医药养生体系有重要的见证意义。

3.有象征未来发展的中医药文化产业区

广誉远中医药文化产业园占地500亩，投资25亿元，分三大建设内容：

（1）新建广誉远中医药产业项目，投资6.4亿元，已于2018年10月建成投产，达产后可实现产值80亿元，利税16亿元，是我国重要的中医药传承基地、生产基地及科研基地，并以对中医药传统制作技艺与文化的全面传承，中医药传统生产与现代化生产的全面融汇，进行现代中医药的展示。

（2）二期工程“新建广誉远中医药文化产业（非遗保护及开发）项目”，投资5.6亿元。主要建设精品温泉养生度假酒店、广誉远中医药历史文化博物馆、传统中华老字号传习场所、中医药文化主题商业街、中药养生文化百草园等。

（3）三期工程突出康养功能，主要建设优生优育中心，慢性病、疲劳病及失能老人疗养中心等。

整个园区全部建成后将涵盖吃、住、娱、游、购、宴、住等功能体系，打造具有浓厚佛教、道教色彩的中医药特色产业基地、旅游基地、养生基地和教育基地，与平遥古城、五台山等旅游胜地遥相呼应，形成山西省佛、道、儒三位一体的朝圣之旅、养生之旅和晋商文化之旅，打造国际化的中医药养生文化旅游路线，带动祖国传统医药向现代化、国际化健康服务体系深度发展。

4.道地药材与珍稀中药材资源的集中展现

广誉远为代表的广帮由于经营南药等贵重药材，加上所传承的传世经典龟龄集、定坤丹等产品均出自宫廷，用药珍奇，所以保存有严谨的药材鉴别经验及用药标准。

广誉远所用药材均有地道、高规格、高等级的特色，龟龄集作为道家炼丹术在中医药的直接应用，其用料具有珍贵、奇特、全面的鲜明特征，如象征三才合一的中药蜻蜓、石燕等。

依据这一特征，广誉远标本室集中展示广誉远所积累的珍稀中药材资源，并传播其独特的鉴别经验。

同时，依据山西省独特的地理环境，在周边建设有山西道地药材种养植基地。

5.优美的自然人文环境

新建广誉远中医药文化产业园位于太谷县南山风景区，紧邻佛教古寺酎泉寺、道教龙泉宫、凤凰山等，不仅自然环境优美，且人文古迹众多。同时，园区位于佛教圣地五台山、世界文化遗产平遥古城之间，形成儒释道一体的国学旅游路线。

（四）广誉远所形成的中医药文化旅游配套设施

1.实施文化传承保护，形成以文化为根基的发展体系

通过对丰厚的传统历史文化资源的挖掘、继承、保护和发展，广誉远形成“一个中华老字号称号、两个国家保密品种、三项国家级非遗项目、四大精品产品、五百年历史文化”的优势资源，现有国内国外注册商标155个，远字牌商标为国家驰名商标，省级非遗项目2项，市级3项、县级7项；有国家级传承人1人、省级7人、市级8人、县级16人，为以广誉远为代表的中医药事业的薪火相继提供了保障。

2.“将品牌当成信仰”，坚守良心制药，重振国人对中医药的信心

以人类健康为使命，以弘扬中医药文化为责任，以“以道地药材和古法炮制”为基石，广誉远恪守“修合虽无人见，存心自有天知”等堂规古训，通过上游建设犀牛、穿山甲、林麝等珍稀动植物种养（殖）基地、中药饮片基地；中游建设中医药传承基地、生产基地、科研基地；下游建设1000家广誉远国医馆、100家国药堂等，全产业链打造高品质中药，以切实的疗效和中医药服务，构建中医药文化的自觉和自信。

3.加大科研创新，推动传统中药现代化发展

围绕“高品质中药战略”，广誉远高举学术大旗，不断加大科研创新力度，先后与山西大学、厦门大学、上海中医药大学、协和医院、西苑医院、广安门医院等合作成立药物研究院及临床研究中心，形成完备成熟的“产学研”一体化模式。2018年，投资1.9亿元的科研大楼建成使用，由陈可冀院士任首席顾问，多位国医大师担任顾问的广誉远中医药研究院正在肩负起中医药的传承创新重任。近年来，取得5个国家药品标准、2个新产品、16个专利等科研成果。

4.以文化为引领，实施全媒体打造广誉远高品质中药的品牌战略

为广泛传播老字号历史文化内涵及传统产品的养生功效，广誉远近年来与中央电视台“国宝档案”栏目合作推出《古代养生——宫廷秘方》《慈禧秘事——饮食养生》对龟龄集、定坤丹进行专题介绍，与故宫博物馆合作推出《龟龄集探秘》一书，并在航空、机场及高端商业区进行广誉远养生文化的推广。

2017年投资1.5亿元，2018年投资1.9亿元，以500年的历史文化为底蕴，以“好孕中心”等为内容，通过户外广告、自媒体推广、高品质线下活动、国际交流等进行中医药文化的传播，形成矩阵式传播效应，积累了丰富的品牌资产。目前，广誉远在新媒体领域的粉丝有近50万人，通过日常发布中医药四季养生知识，进行中医药知识的普及和中医药文化的传播。广誉远先后获得“中国广告长城奖·广告主奖”“最佳海外传播创新奖”“最具品牌影响金奖”“首届OTC品牌营销模式创新奖”“中国医药营销年度传播奖”“中国制药·品牌榜［锐榜］”“最佳工匠精神奖”等奖项。

5.百家千店，活态展示中医药文化

配合精品战略，从2013年起广誉远在全国范围内启动实施“百家千店”工程，即在全国各大中城市建设1000家广誉远国药堂、100家国医馆进行精品中药的直销及品牌的根植深化。广誉远国药堂、国医馆以广誉远历史文化为背景，以精品中药为形象，以养生文化为内容，在全国各地进行中医药文化的实体传播，引发愈来愈多的人群对广誉远的关注、对广誉远产品的关注以及对广誉远文化的关注。目前该工程已在北京、上海、西安、太原、深圳等城市建立200多家国药堂，10余家国医馆。

6.精品中药，打造国家名片

通过精选原料、挖掘传统独特的炮制技艺，推出精品龟龄集、精品安宫牛黄丸、精品牛黄清心丸、定坤丹口服液、精品龟龄集酒等系列精品产品，引导经典国药价值回归，推动高端养生产业模式。

7.一带一路，推动中医药世界发展

作为传承着中医药原生态的老字号品牌，广誉远不断进行着中医药文化的复兴及构建事业。通过实施广誉远国际化暨“一带一路”发展战略，在全球建立“国医馆”，将中医、中药传播出去，让世界人民感受到中医、中药的好处，进而推动中国文化的传播和发展。截至目前，广誉远在大洋洲的第一家国医馆在澳大利亚正式挂牌，海外国医馆设有海外文化交流中心、中医学堂，展示并传授中国的中医药文化。正在北美地区筹划的“中医药大学”也将在加拿大和美国落地生根。在“2017国际甄尚奖巴黎时装周颁奖盛典”上，广誉远将中医药与时尚混搭，惊艳全球。2018年4月29日，广誉远掌门人郭家学作为中国杰出企业家代表亮相纽约时代广场纳斯达克大屏幕。

8.互联网+，建立O2O电子商务模式

目前广誉远建设有广誉远官网、微信公共平台，并在京东、天猫、一号店、央视网商城及工商银行融E购等平台开办电商，进行现代营销模式的创新。同时开设杏林壹号App，以互联网“看名老中医”和“照方抓中药”为突破口，以互联互通的“健康云服务平台”为核心，实现与线下遍布全国的广誉远国药堂和国医馆构成中医药服务O2O双流量入口，旨在实现“互联网+大健康+大数据+大金融+大营销”的服务模式的创新，致力于打造依托互联网实现“中医问诊、专家预约、照方抓药、健康管理”的中医药综合服务提供商。2017年，“广誉远互联网+中医O2O服务项目”荣获工信部信息消费试点示范项目。

（五）广誉远近年来旅游产业发展情况

致力于以“治未病”为特色的大健康产业的发展，广誉远通过不断打造中医药养生文化第一品牌，实现大健康产业代表性企业的发展目标。

近年来，依托广誉远旧址、现址及在建的文化产业园形成的中医药养生文化旅游路线，接待了国家、省、市领导和陈可冀院士、刘敏如大师等中医药专家，举办了“探秘百年老店广誉远”、全国名老中医走基层、港澳台文化探秘、外国嘉宾文化旅游等专题活动。

通过近三年在旅游方面的发展，广誉远品牌建设及产品宣传力度进一步得到深化和根植，市场的潜在效应日益扩大。同时，广誉远关于全面推广并复兴中医药文化的战略目标得到进一步落实，也积累了一定的旅游事业方面的开拓、管理经验及专业人才，关于规模化发展中医药文化旅游及中医药健康养生旅游的战略规划日渐成熟。同时，以广誉远中医药文化为特色的养生体系更加成熟和完善，得到进一步传播与推广，为推动祖国传统养生事业不断发展，为中医药养生的回归普及并向国际化发展发挥着重要作用。

二、东阿阿胶中医药养生旅游概况——“中医药+旅游”

东阿阿胶股份有限公司隶属于华润集团，成立于1952年，1996年成为聊城市首家上市公司，总资产116亿、市值最高410亿，生产经营中成药、保健品、生物药三类产品。

近年来东阿阿胶积极响应党中央“坚持中西医并重，传承发展中医药事业”的重要部署，按照国家中医药管理局“大力发展中医药健康服务”“全力推进中医药振兴发展”的重要指示，充分发掘自身优势，创造性地走出一条“中医药+旅游”的传统中医药企业振兴发展之路。

东阿阿胶充分发挥阿胶药食同源的优势，按照“未病养生、已病调养”的旅游资源核心特质，同时对标国际一流企业，打造“三园两馆”主体框架，坚持高起点规划、高标准建设，将现代设计理念与阿胶传统文化相融合，“三园”即阿胶世界、东阿阿胶城、黑毛驴基地；“两馆”即中国阿胶博物馆、中国毛驴博物馆。主要特色有：

（一）国医智慧，为中医药养生旅游“正本清源”

东阿阿胶中医药健康游基于三千年中医药文化沃土，由十余位国医大师、中医名家，包括国医大师王琦、陈可冀院士、张伯礼院士、肖承悰教授等共同把脉定案，传经送宝，让东阿阿胶中医药健康旅游“法古不泥古，创新不离宗”。在历史文化中汲取灵感，在名医论证中找寻智慧，在名著记载中搜寻佐证，使中医药健康旅游有理论基础，有实现方法，有科学验证。

（二）高起点规划，为中医药养生旅游注入“时尚性”

对标美国好时巧克力工厂和迪斯尼乐园等国际一流企业，聘请美国5+design设计公司和莫高丝路团队、清华大学美院，按照国际生产标准和国家5A级旅游景区要求，以建设阿胶中医药健康养生综合体为核心，对阿胶世界、东阿阿胶城及中国毛驴博物馆等全产业链旅游项目进行整体规划、设计和指导，努力构建以“阿胶养生”为品牌主题、功能互补、连点成线的城区旅游一体化格局。同时，将阿胶传统文化特别是中医药健康养生文化植入现代设计理念之中，通过融合，力争把东阿阿胶这块国家级非物质文化遗产老字号牌匾擦亮，让中医药文化在传承和创新中交融，让阿胶从经典中来回归到生活中去，回归到历史上的价值和地位上去。

（三）高标准建设，让中医药养生旅游具有“国际范儿”

坚持“世界眼光、国际标准、中国特色”的指导方针，准确把握功能定位，突出环保、绿色、循环特色，按照既定的规划方案，聘请国内外知名建设公司，对全产业链旅游项目进行高标准施工建设。目前，阿胶世界建设已初步完成，体验长廊已完成改造，乐活中心已投入运营；东阿阿胶城已成为集影视剧拍摄、中医药文化宣传于一体的综合性文化旅游项目；中国阿胶博物馆作为我国首家以单一中药品种为主题的博物馆正在重新策划；毛驴博物馆已于2018年底开馆，“三园两馆”的主体旅游框架已初步形成。

（四）创新旅游新要素，让中医药养生旅游“有个性”

把“学、思、健”三大要素融入东阿阿胶中医药养生旅游全过程。“学”即研学旅游，游客通过修学、科考、培训、拓展训练、摄影、采风等活动，在旅游观光的同时，学习中医药文化，体验中医药价值。近年来，先后组织中欧EMBA、中华老字号等多批次研学旅游，“世界摄影大会”“一带一路”国际毛驴产业大会和国家中医膏方论坛会议相继在东阿召开，充分彰显了东阿阿胶中医药健康旅游的魅力。“思”即思考养生，通过深入国际化透明工厂一线，让游客在尽情体验阿胶世界、乐活中心、游客康养中心等项目带来的无穷乐趣的同时，对生活、对养生有了更进一步的认识与思考。“健”即关注健康，通过展示阿胶三千年历史文化和传统技艺，让游客走进历史，体会传统中医药的博大精深，体验阿胶膏方养生食疗带来的神奇效果，引导游客更加自觉地关注健康。

（五）突出养生旅游新理念，让中医药文化更超前

十九大报告指出，人民健康是民族昌盛和国家富强的重要标志。东阿阿胶深入实施健康中国战略，始终坚持以“寿人济世”为历史使命，从标准化生产车间展示的阿胶世界到千年历史文化再现的中国阿胶博物馆，从展示九朝贡胶炼制技艺的贡胶馆到治未病理念传递健康的旗舰店，从传统阿胶制作的透明化工厂一线到访客中心、毛驴博物馆、体验长廊、毛驴乐园、景观湖等特色健康工业旅游项目，东阿阿胶按照“健康+旅游”的发展理念，不断创新中医药健康旅游新业态，实现了“健康保障”和“健康管理”的完美结合，实现了中医药健康与工业旅游的深度融合，让游客在休闲旅游中了解阿胶，了解中医药文化，了解中医治未病的新健康理念。

（六）打造体验旅游新模式，让中医药文化更直观

把体验经济融入东阿阿胶旅游全过程，通过制造场景，为游客提供参与性和亲历性活动，使游客从中感悟快

乐。阿胶世界作为东阿阿胶股份有限公司精心打造的体验旅游明星项目，是国内第一家集工业旅游和养生体验等功能于一体的阿胶主题旅游景区，包含生产区、物流区、景观湖区、特色养生区、旅游服务区等体验项目，是东阿阿胶倾力打造的集趣味性、科普性、互动性等强体验感于一体的体验旅游新项目。这种现代人追求探寻的“健康养生方”正是东阿阿胶旅游给予每个游客的深度体验和健康财富。

（七）终身化服务，让生命健康“胶情深重”

开辟阿胶银行“金屋藏胶”，建立终身会员管理体系，代存，代寄，代熬胶，让健康终生可依，有胶有情，保值增值。

东阿阿胶中医药养生旅游在完整继承传统中医药文化、理念、方式的基础上，着眼于新时代新变化和新时代新生活方式而创造性打造的“中医药+旅游”的全新中医药健康服务新模式，相信在不远的将来，将为国民健康做出更大的贡献。

（八）主要景点介绍

1.阿胶世界体验工厂

阿胶世界体验工厂吸收国际先进工业旅游系统理念，将现代建筑与中国传统文化符号相结合，集中体现了节能环保、绿色循环、文化体验等新工业设想。

体验工厂采用现代新技术、新材料，致力于打造阿胶及系列产品的智慧化工厂，实现产品生产的数字化、智能化，游客体验的直观化、五觉化；游客既可实时欣赏全自动控制蒸球化皮；复方阿胶浆自动灌装、自动拣选；桃花姬阿胶糕3D层铺打印、机器手装填等，也可通过视觉、听觉、嗅觉、味觉、触觉全方位感知阿胶产品价值内涵，规范、高效、整洁、智能的现代化生产场景与色、香、味、健康与营养俱佳的阿胶产品，一虚一实相得益彰，引人入胜。另有4D电影、飞行影院等高科技文化演绎带来非同凡响的参观体验。

厂区共分生产区、物流区、景观湖区、游客服务区和滋补养生体验区等功能区，室内室外一体，动静结合、阴阳和谐，蔚为壮观。

2.中国阿胶博物馆

中国阿胶博物馆始建于2002年，是东阿阿胶股份有限公司出资兴建的我国唯一的阿胶博物馆，博物馆以单品种中药材阿胶为主线，以翔实的史料文物介绍了阿胶这一传承三千年的滋补国宝在我国中医药发展史中的历史地位，以及在人类追求健康生活、延缓衰老、美容养颜方面的重

要作用。馆藏珍贵文物资料1000余件，游客可知阿胶然，亦知阿胶之所以然，厚德在兹，点滴润心。

中国阿胶博物馆现为国家非物质文化遗产保护示范基地、全国中医药文化宣传教育基地、全国科普教育基地。

3.东阿阿胶城

东阿阿胶城位于东阿县洛神湖畔，是一个集影视拍摄、中医诊疗、休闲体验、文化观光于一体的景点，先后接拍了多部影视剧；影视明星、文化巨匠于此舞文弄墨、精彩献艺后多有赞誉，阿胶城曾被《大宅门》导演郭宝昌称为“江北第一影视城”。

东阿阿胶城业态丰富，既有滋补健康的驴肉美食，也有恢宏大气的贡胶场馆；既有精彩纷呈的杂技表演，又有美轮美奂的灯光湖景；既有妙手回春的中医诊疗，还有琳琅满目的旅游商品。游古城、读历史、学养生、品美食、逛老街、忆古景、玩山水、购阿胶，行走之中学知识，饮食之间获健康，谈笑之中品艺术，游玩之际畅古今，或思或悟，或停或行，其乐悠悠。

4.东阿药王山

东阿药王山西临东阿阿胶城，东望波光粼粼的洛神湖，相传康熙、乾隆南巡曾多次登临此山。石雕、神像、药材、楹联、匾额被誉为东阿药王山“五绝”。

东阿药王山上有药王殿、观音殿、财神殿、龙王庙、药王亭、万寿路、钟鼓二楼、福寿台等景观，以及滴水观音、思维菩萨、杏林春暖、悬壶济世等雕塑；山上供奉着药师佛、日光菩萨、月光菩萨以及孙思邈、李时珍、伊尹等八大药王。

东阿药王山不仅文化底蕴深厚，自然风光也别有洞天。春天，山花烂漫；夏天，碧波如潮；秋天，红叶似锦；冬天，银装素裹。站在药王山上，登高远望，湖光山色浑然一体，古城新城相映成趣，使人心旷神怡、流连忘返。

5.毛驴王国

毛驴王国位于东阿县城，是集科研、养殖、文化、娱乐、互动等多功能于一园的新景点。黑毛驴乐园规划有游客互动区、科普文化区、毛驴博物馆、毛驴民俗体验区、毛驴运动场、毛驴竞技场等功能分区。现养殖区、科研区、文化区已完工，毛驴存栏量达1万余头。毛驴博物馆2018年9月开馆，由中国农业大学和清华大学美院联合打造，博物馆收集了毛驴相关文物资料500余件，系统地讲述了毛驴从远古到现在，从动物性到艺术性，从单骑饲养到产业化的发展过程。

来毛驴王国听万驴争鸣，观百驴争锋，寻毛驴史话，赏毛驴民俗，悟毛驴精神，毛驴之乐，洋洋大观。

第六章

养生旅游常识

一、旅游者怎样做好医疗保健

长途旅行，生活不规律，身体容易疲劳，旅途中衣、食、住、行又诸多不便，这些均会给旅游者身心健康造成不利影响，因此，旅行中应特别注意保健，尤其是老年人更要充分做好旅游常用医疗保健品的配备。

（一）行前准备

老年人或身体状况欠佳者，临行前最好酌情进行体检，征得医师同意后方可出行。根据身体状况与病情，酌情选择旅游项目，安排旅行日程，或让家人陪同旅游。

适当携带常用药物与平时服用的药物，尤其是急救药品要随身带，以应急需，如果晕车、晕船，还应带上防晕药。建议旅游者，尤其是老年旅游者随身携带速效救心丸，必要时酌情舌下含化。

（二）途中医疗保健

防止受凉感冒。春秋旅游旺季气候多变，故春游不减衣，且要随气候变化增减衣服，带上雨具，以防身体受凉。晚上休息时注意关闭门窗，不要让风直吹头面部，以防受风受凉。

避免过度疲劳。乘火车人多拥挤，车厢空气浑浊，坐汽车颠簸，增加疲劳，因此老年人最好搭乘卧铺或飞机，旅行日程安排宜松不宜紧，活动量也不宜过大。游览时，要循序渐进，攀山登高一定要量力而行，以免劳累过度，加重心脏负担，引起旧病复发或心脑血管疾病等。一旦出现头昏、头痛或心跳异常，应就地休息或酌情就医。

（三）常见病的预防与处理

水土不服：指旅游者对所到的新环境不适应而产生的不适感。主要表现为食欲差、腹泻、皮肤出现荨麻疹、失眠等。水土不服主要是生理性原因造成的，在旅游者逐渐适应了新环境之后，症状会逐渐减轻或消失。情况严重的可在医生指导下，服用一些抗组胺类药物，如扑尔敏、维生素C等；失眠可在医生的指导下酌情服用安定等药物。

晕动病：指旅游者在乘坐车、船、飞机时，因颠簸、空间狭窄或受柴油、汽油的气味刺激而感到眩晕、恶心，甚至出现呕吐等症状，是一时性的病理反应。有晕动病的人在乘车、船、飞机前半小时，可在医生的指导下酌情先服用乘晕宁之类的药物，也可含一片生姜，既能防止恶心、呕吐，又能祛风解毒。另外，出发前不宜吃油腻的食物，也不宜过饱。且乘坐车、船、飞机要尽量坐在较前的位置，以减少颠簸感。若感到不适，尽量不看摇摆的景物，如波涛、起伏的地平线等，可闭目养神。

“上火”：很多人在旅游途中，容易出现颜面潮红，全身燥热，心绪不宁，食欲下降，小便发黄，大便秘结等症状；还有些人的嘴唇、口角甚至脸部起疱疹。这些症状就是常说的“上火”，医学上称之为应激性疾病。因为旅游途中频繁地更换地点与改变生活环境，加上跋山涉水，需要消耗大量的精力与体力，全身各系统常常处于紧张与变化之中，即处于应激状态。机体一旦进入应激状态，就会破坏机体内环境的协调、平衡与稳定，抵抗力下降，导致疾病的发生。故出门旅游要慎防“上火”。一般来讲，只要做到以下几点，就可以避免“上火”的现象发生了。旅游前对于旅行的路线，乘车坐船的时间，携带的衣物等要有充分准备。这样，遇到任何突发事件都能做到从容自如，保持心境平和。旅游日程最好按事前安排好的进行，不要随意打乱行程计划。注意劳逸结合，保证充足的睡眠，以免过度疲劳、抵抗力下降而致病。适量食用新鲜的绿叶蔬菜、水果与适量饮绿茶等，均有良好的“清火”功能。

（四）毒虫咬伤的防治

毒蜂：民谚有“不要捅马蜂窝”之说，由此可见毒蜂之厉害。毒蜂主要指马蜂（俗称黄蜂）及胡蜂，它们的毒性比蜜蜂大，即使仅被几只马蜂或一两只胡蜂蜇中，伤者也会出现发热、恶心、呕吐、烦躁不安等全身症状，严重的还会导致血压下降、休克昏迷，甚至有的因呼吸衰竭而死亡。

旅游登山时，一定要牢记不随便触动荆棘丛中的马蜂窝，免得被蜂群攻击，危及生命。一旦误闯马蜂“领地”，千万别慌张失措拔腿狂奔，而应酌情利用地形与障碍物立即蹲下，屏住呼吸，再用随身携带的草帽等遮挡脸面。即使是可怕的毒蜂围着你狂飞乱舞，甚至个别落到你的身上，也要硬着头皮坚持下去，忍耐一二十分钟，等狂怒的蜂群恢复了平静，再慢慢退出这块“是非之地”。若被毒蜂蜇伤，应小心挑出毒刺，不要挤压伤口，不然会引发更多毒液扩散，并请医生处理或及时去医院治疗。

秋毛虫：是秋季常见的毒蛾幼虫，浑身长满毒毛，毛腔内充满毒液，当毒毛触及游人便会折断，毒液就会进入人体，引起中毒。有时，游人并未触到毛虫，也会出现毛虫中毒过敏，这是因为毛虫群居于高树上摄食，从它们身上脱落的毒毛会随风飘散，一旦落到游人身上，或被吸入气管，同样会引起过敏。因此登山旅游时，若发现有秋毛虫危害的树林，还是远离为妙，以免“飞来横祸”。

蜈蚣：常见的有少棘巨蜈蚣、平耳孔蜈蚣等。游人被小蜈蚣咬伤，局部会出现红肿、炽热和剧痛；若被大蜈蚣咬伤，会造成局部组织坏死，严重者还会引起发热、昏迷等全身症状。伤者可用3%的氨水或肥皂水清洗伤口，并请医生处理或就近去医院。

毒蝎：为蛛形纲蝎科毒虫。一般来说若人被蝎子蜇伤，仅局部出现红肿、灼痛、麻木，不会出现全身症状，也不会有生命危险。若被大毒蝎（如藏蝎等）蜇伤，除有剧痛等局部症状外，还可出现头晕、流涎、呕吐、体温下降及言语困难等症状，严重者还可因呼吸衰竭而死亡。在被蜇伤后，尤其是幼儿被蜇，应立即用止血带或代用品在伤肢近心端扎紧，再用消毒好的手术刀，将伤口做十字切开，冲洗，酌情敷上随身携带的蛇药等，速送医院治疗。

毒蚊：是秋季传播登革热、乙型脑炎与恶性疟疾等急性传染病的媒介。因此外出旅游时，尤其是到热带、亚热带地区时千万不要掉以轻心，衣裤不要穿得太短、太露，以防被日间也猖狂攻击人类的花斑蚊叮咬。另外，旅游者应随身携带驱蚊油与风油精之类药物。

若有小虫钻耳，不要惊恐和焦急，更不能乱抠乱掏，应尽快找人乳、香油、葱汁、韭菜汁，任选一种取少许缓缓滴入耳中。

（五）其他注意事项

旅游腿脚肿：旅行中不管乘坐什么交通工具，坐着、站着或行走较远，时间一长，腿脚就会出现不同程度的肿。医学上把这种由于旅游引起而查无其他原因的腿脚肿称为“旅游性腿脚肿”。防止旅游性腿脚肿，须注意以下几点：应妥善安排旅游的时间与路线，不要赶得太紧，游完一个景点后要休息一会儿，注意劳逸结合；途中要注意体位的变化，站立与行走一段时间后，要坐一会儿或平躺一会儿，并把腿脚放松；长时间坐车、坐船时，要酌情将两腿抬高，便于腿脚的静脉血液回流；需要长时间登山时，应酌情打上松紧合适的绑腿；每天旅游结束后，可用热水烫脚，使腿部的血管扩张，便于血液回流。一旦出现了旅游性腿脚肿，平躺休息时可抬高腿脚到高于心脏的位置，促使血液回流，一两天即可好转。若腿脚肿仍不减轻，可请医师进一步治疗。

旅游与脚泡：外出旅游，脚泡的发生较常见，它不但会影响旅游的进程，而且处理不当还会引起感染。为预防脚泡应注意以下几点：鞋袜要大小合适，最好穿布鞋，女同志不要穿高跟鞋，鞋垫要平整，袜子无破损、无褶皱，鞋内进沙子要及时清除，并要保持鞋袜干燥；徒步游览应循序渐进，脚步要均匀，落地要稳，不要时快时慢；临睡前用热水烫脚，以促进局部血液循环，并酌情按摩足底。

若发生脚泡，可先用热水烫脚5～10分钟，并用碘酒或酒精对脚泡局部进行消毒，再用消毒的针刺破脚泡，泡水流出，排干。处理脚泡时，切忌剪去泡皮，以防感染。

二、旅游中怎样做好饮食卫生

（一）注意饮水卫生

旅游出汗较多，要适量及时饮水，不要等到口渴了再饮水。最好的饮料是白开水，一般来说，生水是不能饮用的，江、河、塘、湖水千万不能生饮。无合格水可饮时，可用瓜果代水。饮茶则不宜过多、过浓，以免引起兴奋、失眠、多尿等。

（二）吃瓜果要洗净

瓜果除了会受农药污染外，在采摘与销售过程中也会受到病菌或寄生虫的污染，所以吃瓜果一定要洗净或去皮。

（三）到有卫生合格证的正规饭店就餐

为了身体健康及预防食物中毒，旅游中一定要到有卫生合格证的正规饭店就餐，不要到无证的摊位或沿街摆卖的餐位就餐。

（四）学会鉴别饮食店卫生是否合格

合格饮食店的一般标准有：合格的卫生许可证，清洁的水源，消毒设备，食品原料新鲜，无蚊蝇，有防尘设备，周围环境干净，收款人员不接触食品，钱票与食品保持相当距离等。

三、旅游中的住宿怎样安排更好

若旅行时间较长，旅途又比较劳累，住宿就应该酌情安排得好一些。若限于经济条件，也应尽可能在旅程中找条件稍好的旅馆，以便洗一个澡，睡一个舒服觉，使疲劳得以消除。选择住宿要考虑以下几个条件：

（一）交通方便

要距旅游点较近，若太远，每天往返既耗费精力，又浪费时间。

（二）食宿配套

食宿配套的旅社，既方便就餐，又经济卫生。若住处没有餐厅，就得另找地方吃饭，既浪费时间，又影响休息。

（三）卫生、安静

应有合格的盥洗等卫生条件，有地方洗澡、洗脚，环境安静、清洁，否则，会妨碍休息，不利于身心健康。

（四）有防蚊设施

夏秋季节蚊子较多，若没有纱窗、纱门或蚊帐就无法安睡，甚至会因蚊虫叮咬而患上传染疾病。

（五）住有正规营业执照的宾馆

入住有国家正规营业执照的宾馆，相对比较安全。

（六）自己查找宾馆

应自己亲自查找宾馆，不要听信他人介绍。

（七）住宿登记须知

填好住房登记表，并告知离店日期。退房时间一般是在次日中午12点前，晚了要加钱。

（八）注意住宿安全

①贵重物品应随身携带，离开房间关好房门。②住宿期间若有贵重物品又不便携带的，可交到服务台，办理保管手续，并随身保管好贵重物品保管收条。③不要在酒店房间内使用电炉、电饭煲、电熨斗等。更不要躺在床上吸烟，以防发生火灾。④不要将易燃、易爆品，放射性危险品带进酒店。⑤发生失窃，应尽快通知服务台。

四、旅游中的注意事项

（一）注意旅行交通安全

坐车、坐飞机一定要系好安全带；当遇到意外事故时，应当保持清醒、镇定，只有镇定，才可以明了当前的处境，有效寻求应对的办法。在一切车、船事故中，减少伤亡的要点，就是避免撞击。人的两腕、两腿之间有极大的缓冲力，若在危急的情况下，用两手紧握前面的可握部分，两腿也微弯向前蹬住，在最后一撞的刹那用力一推，使撞击力在自己的手腕和腿弯之间消失，可减少身体前冲的程度，就不致受到重创。若事故突然发生，连这个动作都来不及做，可用手抱头缩成一个球形，尽量不要让头部、胸部受到直接撞击。轮船一般为旅客配备有救生衣或救生圈，当发生意外时，一定要听从船长的指挥，统一行动、排险或疏散。

（二）旅游中走的学问

旅游中要学会科学走路，不要急速行走；要快去慢返，上午出游的路可走得稍快，傍晚返程则要慢些；走阶不走坡，上下山时尽量走石阶，少走山面斜坡；走硬不走软，在水泥、沥青、石板等硬地上行走比在草地、河滩、湿地等软地面行走更省力和安全；避滑就涩，宁可绕点路从较涩的雪地、草坡走，也不走又滑又危险的冰面、沙石坡，以求安全；走路不看景、看景不走路，精力集中，尤其在一些比较危险的路段，如过桥、上下坡时，更不能分散注意力。

（三）穿平底鞋

旅游要穿软底平跟鞋，如旅游鞋、登山鞋，不宜穿高跟鞋、松糕鞋。

（四）多开口问路

在不知去路时，要礼貌地开口问路，或用手机导航，避免走冤枉路。

（五）配备雨伞

旅游必备雨伞等必需品。

（六）忌行李过多

旅游时不要将过多的物品带在身边，行动很不方便；放在旅馆，又不安全。

（七）忌惹是生非

与人为善，互相帮助，不与他人争高低，尤其看到地摊上摆的东西不要乱动。

（八）忌分散活动

特别是到人烟稀少、危险地区的旅游景点，一定不要单独行动。

（九）酌情购买旅游保险

出门在外，风险增大，酌情买一份合适的保险，可以将风险降到最低限度。如旅客意外伤害保险、旅游人身意外伤害保险、住宿旅客人身保险。

（十）不要轻易吸陌生人给的烟

（十一）不要轻易食用陌生人给的饮食物

五、旅游突发意外的概念与类型

（一）旅游突发意外的概念

旅游突发意外，是指在旅行社或个人安排的旅游活动过程中，遭遇外来的、突发的、疾病或非疾病导致的人身伤害。这和旅游安全概念是有联系与区别的。旅游安全是指旅游活动中各相关主体的一切安全现象的总称，包括旅游活动各环节中的安全现象，也包括旅游活动中涉及的人、设备、环境等相关主体的安全现象。而旅游意外的主体是人，关注的也是个人人身伤害的发生与处理。

（二）常见的旅游意外类型与特点

1.交通意外

除徒步旅游之外，几乎所有的旅游形式均需借助交通工具才能实现，而不管乘坐任何交通工具，均可让出游的危险增加。目前，主要的交通工具有汽车、火车、飞机、轮船等，从所造成的意外特点，可分为道路交通意外、航空交通意外与水路交通意外三大类。虽然水路交通、空路交通每年也会出现一些事故，但和每年出现的道路交通事故相比，要明显少得多。道路交通事故是旅游安全事故的主要类型，特别是每年4～10月是事故高发期，也是导致旅游者伤亡的主要因素。

2.食物中毒

因为食入腐败变质食物或人为引起的食物污染，通过消化道进入人体而带来的身体损害，即为食物中毒。

3.毒物咬伤

森林、山区、湖泊是人们经常光顾的旅游胜地，但其中也隐藏了极大的不安全因素，特别是南方山区与植被繁茂的地方，往往容易遭受毒物咬伤。全世界有毒的动物很多，如毒蛇约有500种，陆生的有膜翅目昆虫蜜蜂、马蜂、大黄蜂等和节肢动物螯、蜈蚣等。它们中有的对人体的伤害较小，多局限于叮咬部位，全身反应少，可自愈或经简单处理后不至于伤人性命；也有毒性大的短时间内就可造成人昏迷甚至呼吸与心跳停止，只有通过及时有效的处理，才能使人转危为安。

4.常见危重症

旅游奔波劳累，可能会出现一些突发疾病，比如腹痛、突发晕厥、高烧、心脑血管意外、猝死等。意外发生后，能及时送往医院救治是最好的，但若发生地在海拔高的山区或救护车很难到达的地区，现场随团人员特别是导游一定要掌握一些急救常识，这是必不可少的一项要求。比如，猝死的抢救必须在4～6分钟内完成，时间过长即使抢救过来，也一定程度上会影响到患者的生命质量。

5.其他意外

旅游中也可能发生一些出人意料的其他情况，比如溺水、中暑、关节损伤等。

六、旅游突发意外急救的原则

（一）确保生命安全为基本原则

一旦遇到旅游突发意外，保护与抢救人的生命安全是第一位的。

（二）应有良好的心理素质

在突遇意外时，要立即调整心态，临危不乱，沉着应对，争分夺秒，就地抢救，动作迅速、果断，方法正确、有效，按部就班地依据经验、常识与本能处理。特别是在出现大量人员伤亡的情况下，施救人员只有做到镇定自若，才能正常地处理眼前的危机，尽自身最大能力处理伤者，最大限度降低损失。

（三）确保环境安全

细心观察突发意外的现场环境，确保自身、伤者及旁观者的安全。比如，在触电现场，必须先用安全方法将伤者与电源隔离或在电源断开后，方可接近触电伤者；煤气泄漏的现场，切勿使用电铃、电话和任何电器，以及会发出火花的装置等。

（四）急救伤者要遵循一定的顺序

边救边呼。当遇有大量伤病员的现场，在对呼吸、心跳骤停与大出血等伤员进行救护的同时，要及时呼叫周围的人或相关部门来协助，并尽快拨打救护电话。

先重后轻。当有大量伤员时，要优先抢救危重者，后处理轻伤者。

先复后固。当伤病员心跳、呼吸骤停同时又伴有骨折时，应首先施行心肺复苏术，直至心跳、呼吸恢复之后，再固定骨折部位。

先止后包。在出血又有伤口的情况下，应首先止血，然后对伤口进行包扎。

先救后送。对危重伤病员应先在现场急救，再酌情送到医院进一步救治。

七、毒物咬伤的处理原则

在毒物咬伤中，危害较大的有蛇类、黄蜂与蝎子等，特别是毒蛇中的眼镜蛇、眼镜王蛇、金环蛇、银环蛇、竹叶青等，咬伤后若不及时给予有效的现场处理，甚至可能危及生命。

（一）毒蛇咬伤的处理原则

毒蛇咬伤最关键的处理措施是阻止毒液进一步向体内扩散。

1.判断是否毒蛇咬伤

从外形看，毒蛇一般头大颈细，头呈三角形，尾部细长，体表花纹鲜艳；毒蛇咬的伤口通常为两个大而深的牙痕。而无毒蛇咬的伤口，一般为2～4行均匀而细小的牙痕。若不能判断是否为毒蛇咬伤，紧急处理时就应以毒蛇咬伤处理。

2.安慰患者，保持镇静

被蛇咬伤后，不可慌乱奔跑，不要饮兴奋性饮料，以免加剧毒素扩散。

3.将患肢置于心脏水平以下，结扎患肢

在伤口的上方5～10厘米处靠近心脏端扎紧，结扎可用止血带、腰带、布条等，不可用很细的绳子或铁丝，且结扎后必须每隔30分钟放松一次，以防肢体坏死。

4.清洗伤口

可用自来水、泉水、凉开水或3%过氧化氢等及时冲洗伤口。

5.排出毒素

可用吸奶器、火罐等将毒液吸出，若病情严重，可在伤口处做十字形切口，用手由伤肢上部向下，由四周向伤口挤压10～20分钟，促使毒液排出。切口时一定要注意避免伤及大血管，以免血管破裂。最好的排出毒素的方法是用烧灼法破坏毒素：用火柴头5～7个或其他火源在伤口上点燃，烧灼一两次，局部高温可使蛇毒蛋白凝固丧失毒性。

6.伤处冷敷

若手边有冷水、雪、冰等，可装成冰袋冷敷患处，或将伤口置于凉水中，减缓毒素吸收与扩散。

7.应用解毒药

若在野外，可随地采一些能识别出的具有解毒功效的新鲜中草药，如半边莲或白花蛇舌草，煮水煎服，或捣烂涂于伤口上。若能买到南通蛇药片，首次服用10片，以后轻者每次5片，一日3次。

8.伤者就地抢救后，应迅速送医院继续救治

在转运途中要注意保暖与适量饮水，并严密观察病人呼吸、脉搏，做好应急准备。

（二）其他毒虫咬伤

症状严重者可参考毒蛇咬伤的处理方法，比如结扎、排毒、清洗伤口等。需要注意的是蜜蜂、黄蜂、蝎子等的咬伤，一定要用针尖或镊子挑出扎进皮肤内的尾刺。黄蜂咬伤最好应用弱酸性液体，如食醋或0.1%稀盐酸等冲洗或涂抹；蜈蚣、蜜蜂与蝎子等咬伤可用肥皂水或小苏打水等碱性液体冲洗，以起到中和毒液、缓解疼痛的效果。

八、食物中毒的处理

虽然食物中毒的原因不同，临床表现各异，但一般均具有如下流行病学与临床特征：①潜伏期短，一般是几分钟到几小时，食入“有毒食物”之后，在短时间内几乎同时出现一批病人，来势凶猛，很快形成高峰，呈爆发流行；②病人临床表现相似，以急性胃肠道症状，如恶心、呕吐、腹痛、腹泻等为主；③发病与食入某种食物有关，病人在近期同一段时间内均食用过同一种“有毒食物”，发病范围和食物分布呈一致性，不食者不发病，停止食用该种食物后很快不再有新的病例出现；④一般人与人之间不传染；⑤有明显的季节性，夏秋季多发生细菌性与有毒动植物食物中毒；冬春季则多发生肉毒中毒与亚硝酸盐中毒等。

（一）及时发现，及时报告

一旦有人出现上吐、下泻、腹痛等食物中毒表现，应立即停止食用可疑食物。同时，随团导游应立即与当地卫生医疗部门联系申请救助，同时尽快向所在地旅游行政管理部门报告。

（二）在救护人员到来之前，应积极采取自救措施

1.催吐

若进食时间较短，可酌情应用催吐的方法。对中毒不久且呕吐不明显者，可用手指、筷子、羽毛等刺激其舌根部的方法催吐，或让中毒者大量饮用温开水并反复自行催吐，以减少毒素的吸收。经大量温水催吐后，待呕吐物已变为较澄清液体时，可适量饮用牛奶以保护胃黏膜。若在呕吐物中发现血性液体，则提示可能出现了消化道或咽部

出血，应暂时停止催吐。对于昏迷病者则不能进行催吐，以免残留于胃内的毒物堵塞气道，发生窒息。

2.导泻

若病人吃下中毒食物的时间较长（超过2小时），而且精神较好，可酌情采用服用泻药的方式，促使有毒食物排出体外。用大黄、番泻叶煎服或用开水冲服，均能达到导泻的目的。

（三）昏迷病人的救护

让病人处于俯卧位，头部偏向一侧，以防止呕吐物进入气管而产生窒息。要密切观察病人的生命体征，若呼吸心跳停止，要立即行人工呼吸与心脏按压。

（四）收集与处理疑物

就地收集与封存一切可疑的中毒食物，也可保留患者的呕吐物与排泄物，以方便医生确诊与救治。所剩食物均应烧毁或深埋，与中毒食物接触过的用具、容器等要彻底清洗消毒。

（五）及时将中毒者送医院救治

尽快把疑为有毒的食物样品与中毒病人一起送医院，在医院酌情进行洗胃与药物解毒等治疗。

附 录

附录一 第一批国家中医药健康旅游示范基地创建单位名单

序号	地区	名称	申报单位
1	北京	北京昌平中医药文化博览园	北京国开园卧虎山庄健康管理有限公司
2	北京	北京潭柘寺中医药健康旅游产业园	北京鸿博华康中医药科技有限公司
3	北京	中国医学科学院药用植物园	中国医学科学院药用植物研究所(北京药用植物园)
4	天津	天津天士力大健康城	天士力控股集团有限公司
5	天津	天津乐家老铺沽上药酒工坊	天津市达仁堂京万红药业有限公司
6	河北	河北金木国际产业园	金木集团有限公司
7	河北	河北以岭健康城	以岭健康城科技有限公司
8	河北	河北新绎七修酒店	新绎七修酒店管理有限公司
9	山西	山西红杉药业有限公司	山西红杉药业有限责任公司
10	山西	山西广誉远国药有限公司	山西广誉远国药有限公司
11	内蒙古	内蒙古鄂托克前旗阿吉泰健康养生园	鄂尔多斯鄂托克前旗阿吉泰健康养生园

续表

序号	地区	名称	申报单位
12	内蒙古	内蒙古呼伦贝尔蒙医药医院	呼伦贝尔市蒙医医院
13	内蒙古	内蒙古呼伦贝尔蒙古之源蒙医药原生态旅游景区	呼伦贝尔蒙古之源旅游开发有限公司
14	辽宁	辽宁大连普兰店区博元聚中医药产业基地	博元聚中医药产业（大连）有限公司
15	辽宁	辽宁天桥沟森林公园	参仙源参业股份有限公司
16	吉林	吉林长白山一山一蓝康养旅游基地	长白山保护开发区一山一蓝天然健康品有限公司
17	吉林	吉林盛世华鑫林下参旅游基地	吉林省盛世华鑫生物科技有限公司
18	黑龙江	黑龙江中国北药园	黑龙江中医药大学
19	黑龙江	黑龙江伊春桃山玉温泉森林康养基地	伊春桃盛温泉酒店有限责任公司
20	上海	上海益大中医药健康服务创意园	上海康桥中药饮片有限公司
21	上海	上海中医药博物馆	上海中医药博物馆
22	江苏	江苏句容茅山康缘中华养生谷	江苏康缘健康管理有限公司
23	江苏	江苏苏州李良济中医药体验中心	苏州市天灵中药饮片有限公司
24	浙江	浙江佐力郡安里中医药养生体验园	浙江佐力药业股份有限公司
25	浙江	浙江龙泉灵芝产业基地	浙江龙泉正大生物科技有限公司
26	安徽	安徽霍山大别山药库	天下泽雨生物科技发展有限公司
27	安徽	安徽潜口太极养生小镇	黄山太极文化有限公司
28	安徽	安徽亳州华佗故里文化旅游基地	亳州文化旅游发展有限责任公司

续表

序号	地区	名称	申报单位
29	安徽	安徽丫山风景区	丫山花海石林旅游股份有限公司
30	福建	福建厦门青礁慈济宫景区	厦门海沧旅游投资集团有限公司
31	福建	福建漳州片仔癀产业博览园	漳州片仔癀药业股份有限公司
32	江西	江西新余悦新养老产业示范基地	江西青春康源集团有限公司
33	江西	江西德兴国际中医药健康旅游产业基地	江西天海科技发展集团有限公司
34	江西	江西黎川国医研中医药健康旅游示范基地	北京国医研医药技术开发有限公司
35	江西	江西婺源文化与生态旅游区	婺源文化与生态旅游区管委会
36	山东	山东东阿阿胶世界	东阿阿胶股份有限公司
37	山东	山东庆云养生基地	山东沃森农业科技有限公司
38	山东	山东台儿庄古城	山东省台儿庄古城旅游集团有限公司
39	山东	山东华茂集团	山东华茂集团有限公司临朐县中医院
40	河南	河南焦作保和堂瑞祥现代农业科技园	保和堂（焦作）制药有限公司
41	河南	河南开封大宋中医药文化养生园	开封市中医院
42	湖北	湖北咸丰县中医院	咸丰县中医院
43	湖北	湖北浩宇康宁康复休闲颐养产业基地	浩宇康宁健康科技（湖北）有限公司
44	湖南	湖南龙山康养基地	湖南涟源龙山国家森林公园管理处
45	湖南	湖南永州异蛇生态文化产业园	永州市异蛇科技实业有限公司
46	湖南	湖南九芝堂中医药养生及文化科普基地	九芝堂股份有限公司

续表

序号	地区	名称	申报单位
47	广东	广州神农草堂中医药博物馆	广州白云山和记黄埔中药有限公司
48	广东	广东罗浮山风景名胜区	广东省罗浮山风景名胜区管理委员会
49	广西	广西药用植物园	广西壮族自治区药用植物园
50	广西	广西信和信桂林国际智慧产业园	桂林信和信健康养老产业投资有限公司
51	海南	海南三亚市中医院	三亚市中医院
52	海南	海南海口文山沉香文化产业园	海南耀江沉香文化产业园有限公司
53	重庆	重庆药物种植研究所	重庆市药物种植研究所
54	重庆	重庆金阳映像中医药健康旅游城	重庆金阳房地产开发有限公司
55	四川	四川千草康养文化产业园	四川千草生物技术股份有限公司
56	四川	四川成都龙泉健康科技旅游示范中心	成都经开科技产业孵化有限公司；四川省中医药科学院
57	四川	四川花城本草健康产业国际博览园	四川德鑫源现代中药技术开发有限公司
58	贵州	贵州大健康中国行普定孵化基地	贵州雍氏置业有限公司
59	贵州	贵州百鸟河中医药旅游度假养生谷	贵州云康投资管理有限公司
60	云南	云南白药大健康产业园	云南白药集团股份有限公司
61	云南	云南杏林大观园	昆明杏林大观园旅游开发有限公司
62	西藏	西藏白玛曲秘藏医外治诊疗康复度假村	西藏宇妥文化发展有限公司
63	西藏	西藏拉萨净土健康产业观光园	曲水秀色才纳净土文化旅游有限公司
64	陕西	陕西秦岭药王茶文化产业园	宝鸡市陕西太白山天然植物开发有限公司

续表

序号	地区	名称	申报单位
65	陕西	中国秦岭乾坤抗衰老中医药养生小镇	西咸新区陕西大秦岭实业有限公司
66	甘肃	甘肃灵台县皇甫谧文化园	灵台县卫生和计划生育局
67	甘肃	甘肃庆阳岐黄中医药文化博物馆	庆阳岐黄中医药文化博物馆
68	青海	青海祁连鹿场	祁连县祁连山半野生鹿业基地有限公司
69	青海	青海省藏医院	青海省藏医院
70	宁夏	宁夏朝天雀枸杞茶博园	宁夏杞芽食品科技有限公司
71	宁夏	宁夏银川闽宁镇覆盆子健康养生产业基地	宁夏青禾农牧科技开发有限公司
72	新疆	新疆昭苏县中医院	昭苏县中医医院
73	新疆	新疆裕民宏展红花种植基地	新疆宏展特色农业科技开发有限公司

附录二　第一批国家中医药健康旅游示范区

1.北京东城国家中医药健康旅游示范区

2.河北安国国家中医药健康旅游示范区

3.山西平顺国家中医药健康旅游示范区

4.吉林通化国家中医药健康旅游示范区

5.上海浦东国家中医药健康旅游示范区

6.江苏泰州国家中医药健康旅游示范区

7.安徽亳州国家中医药健康旅游示范区

8.江西上饶国家中医药健康旅游示范区

9.山东日照国家中医药健康旅游示范区

10.湖北蕲春国家中医药健康旅游示范区

11.广西南宁国家中医药健康旅游示范区

12.重庆南川国家中医药健康旅游示范区

13.四川都江堰国家中医药健康旅游示范区

14.贵州黔东南国家中医药健康旅游示范区

15.陕西铜川国家中医药健康旅游示范区

参考文献

[1]马烈光，蒋力生.中医养生学[M].北京：中国中医药出版社，2016.

[2]马烈光.马烈光养生心悟[M].北京：人民卫生出版社，2016.

[3]庞保珍.健康长寿学[M].聊城：聊城市新闻出版局，2005.

[4]庞保珍.饮食养生之道[M].北京：中医古籍出版社，2012.

[5]庞保珍.放松心情之道[M].北京：中医古籍出版社，2012.

[6]庞保珍，庞清洋.健康长寿之路[M].北京：中医古籍出版社，2015.

[7]庞保珍.生活起居中的健康科学——远离癌症、糖尿病、心脑血管疾病[M].北京：人民卫生出版社，2015.

[8]庞保珍，庞清洋.健康之路——《国家基本公共卫生服务规范》健康教育解读[M].郑州：河南科学技术出版社，2017.

[9]郭海英.中医养生学[M].北京：中国中医药出版社，2009.

[10]刘占文，马烈光.中医养生学[M].北京：人民卫生出版社，2007.

[11]张怀明.养生旅游指南[M].北京：金盾出版社，2004.

[12]薛群慧，卢继东，杨书侠.健康旅游概论[M].北京：科学出版社，2013.

[13]中国生态学会旅游生态专业委员会.中国旅游生态发展论坛：生态旅游和温泉养生生态产业[M].北京：中国环境科学出版社，2010.

[14]李善源.世界长寿之乡巴马长寿养生游：精华版[M].北京：中医古籍出版社，2012.
[15]张跃西.养生旅游产品设计[M].北京：中国环境出版社，2015.
[16]孙曙青.家庭应急救护小手册[M].2版.杭州：浙江大学出版社，2005.
[17]翁维健.中医饮食营养学[M].上海：上海科学技术出版社，1992.
[18]刘岱岳，余传隆.人生百岁不是梦[M].北京：中国医药科技出版社，1999.
[19]何清湖，周慎.中华医书集成[M].北京：中医古籍出版社，1999.
[20]王洪图.内经[M].北京：人民卫生出版社，2000.
[21]谭兴贵.中医药膳学[M].北京：中国中医药出版社，2003.
[22]王洪图.黄帝内经素问白话解[M].北京：人民卫生出版社，2004.
[23]王洪图.黄帝内经灵枢白话解[M].北京：人民卫生出版社，2004.
[24]黄承钰.医学营养学[M].北京：人民卫生出版社，2004.
[25]黄吉武.预防医学[M].北京：人民卫生出版社，2004.
[26]孙贵范.预防医学[M].北京：人民卫生出版社，2005.
[27]田代华，刘更生.灵枢经[M].北京：人民卫生出版社，2005.
[28]田代华.黄帝内经素问[M].北京：人民卫生出版社，2005.
[29]葛可佑.中国营养师培训教材[M].北京：人民卫生出版社，2005.
[30]杨月欣.中国食物成分表2004[M].北京：北京大学医学出版社，2005.

[31]翟双庆，王长宇.王洪图内经临证发挥[M].北京：人民卫生出版社，2006.

[32]曹庭栋.老老恒言[M].北京：人民卫生出版社，2006.

[33]高濂.遵生八笺[M].北京：人民卫生出版社，2007.

[34]陈直原.寿亲养老新书[M].北京：人民卫生出版社，2007.

[35]中华人民共和国卫生部.中国公民健康素养——基本知识与技能释义[M].北京：人民卫生出版社，2008.

[36]中华人民共和国卫生部.健康66条——中国公民健康素养读本[M].北京：人民卫生出版社，2008.

[37]山东中医学院，河北医学院.黄帝内经素问校释：上[M].2版.北京：人民卫生出版社，2009.

[38]山东中医学院，河北医学院.黄帝内经素问校释：下[M].2版.北京：人民卫生出版社，2009.

[39]河北医学院.灵枢经校释[M].2版.北京：人民卫生出版社，2009.

[40]谭兴贵.中医药膳与食疗[M].北京：中国中医药出版社，2009.

[41]谭兴贵.中医养生保健研究[M].北京：人民卫生出版社，2009.

[42]陈可冀，李春生.中国宫廷医学[M].北京：中国青年出版社，2009.

[43]张印生，韩学杰.孙思邈医学全书[M].北京：中国中医药出版社，2009.

[44]郭姣.中医营养治疗学[M].北京：人民卫生出版社，2009.

[45]邱仕君.邓铁涛医案与研究[M].北京：人民卫生出版社，2009.

[46]烟建华.《内经》学术研究基础[M].北京：中国中医药出版社，2010.
[47]中国营养学会.中国居民膳食指南[M].拉萨：西藏人民出版社，2010.
[48]中国营养学会老年营养分会.中国老年人膳食指南[M].济南：山东美术出版社，2010.
[49]中国营养学会妇幼分会.中国孕期、哺乳期妇女和0～6岁儿童膳食指南（2007）（简要本）[M].北京：人民卫生出版社，2010.
[50]赵霖.平衡膳食健康忠告[M].3版.北京：人民卫生出版社，2011.
[51]卫生部疾病预防控制局，中国疾病预防控制中心.健康生活方式核心信息.第一册[M].北京：人民卫生出版社，2011.
[52]卫生部疾病预防控制局，中国疾病预防控制中心.健康生活方式核心信息.第二册[M].北京：人民卫生出版社，2011.
[53]李舜伟.你可以睡得更好[M].3版.北京：人民卫生出版社，2011.
[54]葛可佑.中国居民膳食指南：精编版[M].北京：人民出版社，2011.
[55]郭冀珍.控制高血压，享受美好人生.[M]3版.北京：人民卫生出版社，2011.
[56]秦怀金.国家基本公共卫生服务项目100问[M].北京：人民卫生出版社，2012.
[57]马骁.健康教育学[M].2版.北京：人民卫生出版社，2012.
[58]邓铁涛.无病到天年[M].北京：中国中医药出版社，2012.
[59]仝小林.仝小林谈糖尿病中医调治[M].北京：人民军医出版

社，2013.

[60]胡大一.胡大一教你高血脂就该这样吃[M].北京：中国轻工业出版社，2013.

[61]向红丁.向红丁教你糖尿病就该这样吃[M].北京：中国轻工业出版社，2013.

[62]谭兴贵，谭楣，邓沂.中国食物药用大典[M].西安：西安交通大学出版社，2013.